하이 퍼포먼스 세일즈

하이 퍼포먼스 세일즈

E. 델 가이조 · S. 룬스포드 · M. 마론 지음
김상범 · 오정환 · 김원배 · 강태헌 옮김

SECRETS of TOP PERFORMING SALESPEOPLE

Contents

오랜 연구를 통해 밝혀낸
위대한 세일즈맨들의 성과를 높이는 기술

사람은 천차만별이다. 교실을 보면 금세 알 수 있다. 같은 교육 제도 아래서 같은 교재로 같은 교사에게 배워도 일등이 있고 꼴등이 있다. 세일즈 조직에서 벌어지는 일도 교실과 별반 다르지 않다. 같은 회사, 같은 제품, 같은 영업전략, 같은 보상 시스템인데도 누구는 성과가 좋고 누구는 엉망이다. 그러면 이런 현상은 어쩔 수 없는 일인가? 당신의 세일즈 성과가 조직에서 상위권에 들어 있다면 이런 현상을 자연스럽게 받아들일지도 모른다. 그러나 성과가 신통치 않다면 적성이나 타고난 재능을 탓하며 이직을 생각하고 있을 것이다. 아니면 '그래, 꼴등하는 놈이 있으니 일등하는 놈이 있지'라고 스스로 위로하며 눈치껏 버티고 있는 중일지도 모르겠다.

물론 어느 분야에나 탁월한 재능을 타고난 사람이 있다. 세일즈에도 타고난 재능을 자랑하는 사람이 있다. 마치 세일즈 유전자를 지니고 태어난 듯이 가르쳐주지 않아도, 배우지 않아도 잘하는 사람들이 있다. 많은 세일즈 서적이 이런 상위 0.1퍼센트에 해당하는 사람들의 사례를 적어놓고 따라오라고, 이렇게 하면 모두 좋은 성과를 낼 수 있다고 주장한다.

그러나 그렇게 하다 보면 뱁새가 황새 쫓아가는 꼴이 되고 만다. 하루 24시간 축구만 해도 호나우드처럼 될 수 있는 사람이 있고 될 수 없는 사람이 있다. 얼음판 위에서 아무리 돌고 돌아도 아무나 김연아처럼 되는 것은 아니다. 지금 영업 현장에서 성과를 높이기 위해 노심초사하고 안절부절못하는 영업인들에게 필요한 것은 상위 0.1퍼센트의 특별한 비법이 아니다.

그들은 자신이 충분히 따라할 수 있는 만만하고 손쉬운 방법을 원한다. 조금만 정성을 기울여 배우고 익혀 적용하면 팀장이나 부장에게 잔소리 듣지 않고 그 직장을 계속 다닐 수 있는 기술을 필요로 하는 것이다. 그들이 궁금해 하는 것은 고객을 만나기 전에 어떤 준비를 해야 하는지, 고객을 만나서 어떻게 신뢰를 쌓고, 어떻게 그들의 문제를 알아내고, 프레젠테이션을 어떻게 하면 되는지, 고객의 무관심과 거절을 어떻게 극복하면 되는지, 고객과 어떻게 하면 장기적인 관계를 지속할 수 있는지에 관한 것이다.

이런 니즈를 포착한 우리는 마침 『하이 퍼포먼스 세일즈(Secret Of Top Performing Salespeople)』라는 책을 보고 무릎을 탁 쳤다. 우리가 현장에서 만난 세일즈맨들의 고민을 해결하는 데 딱 맞는 책이라는 판단이 들었기 때문이다. 이 책에서 소개하는 '세일즈 성과를 최대로 높이는 25가지 방법'은 그야말로 어려울 것도 없는, 누구나 관심을 갖고 조금만 연습하면 배울 수 있는 방법들이다. 이 책에는 세일즈맨들이 궁금해 하고, 알고 싶어 하는 세일즈 기법들로 꽉 차 있어 기꺼이 번역 작업에 들어갔다.

우리가 이 책을 번역하기로 결심한 이유가 한 가지 더 있다. 저자들의 이력 때문이다. 보통 세일즈 관련 책은 두 종류로 나눌 수 있다. 먼저 현장에서 탁월한 성과를 낸 세일즈맨들이 쓴 책이 있다. 이런 책은 화려한 무용담이나 성공 신화가 독자들에게 용기를 주고 열정에 불을 붙여주지만 일반화할 수 없다는 단점이 있다. 동기부여와 열정이 불필요한 것은 아니지만 생산성이 떨어지는 열정은 금방 식어버린다. 인내와 집중력은 얼마 못 가 고갈되고 만다.

그 다음으로 학자들이 쓴 책이 있다. 이런 책들은 현장 경험이 없다보니 이론만 이어져 10쪽만 읽어도 잠이 쏟아진다. 독서 습관이 몸에 밴 사람이 아니면 끝까지 읽기가 어렵다. 끝까지 읽는다고 해서 뭐가 남는 것도 아니다. 세일즈 기법에 관하여 이것저것 논리적으로 나열해놓았지만 막상 현장에서 활용하려면 잘 되지 않는 경우가 많다.

그런데 『하이 퍼포먼스 세일즈』의 저자들은 현장 경험도 풍부하고 공부도 할 만큼 한 사람들이다. 그 덕에 여러 가지 사례들을 일목요연하게 정리해서 간결하면서도 현장에 적용할 만한 내용이 풍부하다. 그리고 지루하지도 않다. 특히 현장에서 영업을 하는 개인의 영업력 향상에 초점을 맞췄기 때문에 활용가치가 높다. 이러한 이유 때문에 B2C와 관련 있는 영업인에게도 권할 만하다.

아무쪼록 경쟁이 치열한 현장에서 고군분투하고 있는 모든 영업인들의 건투를 빈다.

대표 역자 김상범

고객을
먹잇감으로 여기지 마라

세일즈 분야에서 일하는가? 그렇다면 당신은 당신에게 무언가를 팔려는 세일즈맨의 행동을 유심히 살펴볼 것이다. 그리고 많은 고객들이 그렇듯 형편없는 세일즈맨과는 거래하는 것에 짜증이 날 것이다. 어떤 고객은 형편없는 세일즈맨과 최고의 세일즈맨의 다른 점을 다음과 같이 명확하게 밝혔다.

"최고의 세일즈맨은 항상 상대의 말을 귀 기울여 듣습니다. 그렇기 때문에 고객의 상황을 잘 이해하고 신뢰를 얻지요. 하지만 대부분의 세일즈맨은 악어 같습니다. 눈도 작고 귀도 작으며 오로지 입만 크지요."

그 이후로 우리는 파괴적인 괴물로 변신해서 잠재고객으로 하여금 사업 파트너가 아니라 사냥을 당하는 먹잇감이라는 느낌이 들게 하는 세일즈맨을 가리켜 '악어의 덫(alligator trap)'이라는 용어를 사용하고 있다. 또한 이 책의 초판 제목도 이 용어를 넣어서 『악어의 덫-신발만 남기지 않고 세일즈를 하는 법』이라고 짓고, 성공적인 판매를 위한 여러 가지 기법을 제시했다.

교육기업 어치브글로벌(AchieveGlobal)은 지금까지 50여 년 동안 성공적인 회사 조직과 세일즈맨을 상대로 수많은 연구를 수행해왔다. 어치브글로벌 연구팀은 이 책의 초판을 출간한 이래 전 세계에서 가장 큰 성공을 거둔 세일즈맨들과 면담을 했다. 그 결과 밝혀진 핵심 결론은, 최고 세일즈맨은 고객 관점의 세일즈 교류를 한다는 것이었다.

이 책에서 우리는 최고의 세일즈맨과 세일즈 매니저, 그들의 고객에게서 얻은 중요한 교훈을 수집하여 간결하고 이해하기 쉽도록 6가지로 묶어 정리하였다. 또한 세일즈맨이나 고객과 면담한 내용을 인용하고 일화를 수록하여 이를 기초로 중요한 핵심을 쉽게 알 수 있도록 했다.

이 교훈들은 속임수도 아니고 게릴라 같은 술책도 아니다. 잘 계획한 연구에서 나온 실용적 기법이다. 이 책은 튼튼하고 유익한 관계를 위해 기초를 단단하게 만들고 유지하는 능력을 길러줄 것이다.

이 책을 쓰면서 많은 이들에게 도움을 받았다. 그들 대부분은 우리가 수년 동안 면담하거나 연구한 세일즈맨, 세일즈 매니저, 고객이다. 또한 우리는 이 책의 초판에 관여한 모든 이들에게도 감사한다. 특히 공동 저자 격인 케빈 J. 코르코란과 데이빗 J. 어드맨에게 고맙다. 아울러 마크 모스코, 미셸 본테르, 데이빗 본트, 로이드 존스턴, 아일린 투굿의 도움이 없었다면 이 책을 출판하지 못했을 것이다.

고객 중심 세일즈

01. 세일즈 역할을 숙달하라

1. 비즈니스 컨설턴트로 행동하라 | 2. 장기 협력자가 되라 | 3. 전략적 조정자의 역할을 하라 | 4. 한결같은 경작자가 되라 | 5. 집중하는 낙관론자가 되라 | 6. 또 다른 기법

02. 최초로 세일즈 전화 일정을 잡아라

1. 전화를 준비하라 | 2. 이제 전화를 해보자 | 3. 문지기를 통과하라 | 4. 또 다른 기법

고객 중심 세일즈

점점 찾아보기 힘들어지고 있지만 충성도 높은 고객은 세일즈 조직에 비판적이다. 이들은 조직에 도움이 되는 조언을 아끼지 않으며 잠재고객을 소개해주는 중요 자원이다. 이들은 당신에게 한 번 구매한 제품을 재구매하는 경향이 있으며, 대체로 당신 외에 다른 세일즈맨은 거들떠보지도 않는다. 새로운 비즈니스 관계를 시작하는 비용이 갈수록 높아지고 있기 때문에 기존 고객과 맺는 튼튼한 제휴가 기업에 더 이익이 되는 경우가 많다. 그렇다면 오늘날 같은 환경에서 이런 충실한 고객과 장기적인 관계를 맺으려면 어떻게 해야 할까?

그 해답은 고객과 '파트너 되기'에 달려 있다. 단순한 '제품 공급자' 역할을 넘어 고객의 비즈니스 이슈와 목표를 상호 이해하여 더 깊은 관계를 만드는 것이다. 오늘날 기업들은 군살 없는 효율적인 운영을 하기 위해 계속 노력하고 있으며, 자신들이 가진 자원을 주의 깊게 지키고 있다. 뿐만 아니라 세계시장에서 경쟁우위를 차지하고 최고의 자리를 유지할 수 있도록 도와주는 충실한 고객에게 보상하고 있다.

무역 분야에서 디자인과 제작을 하는 A사는 경쟁우위라는 개념이 세일즈에서 얼마나 중요한 의미가 있는지를 보여주는 완벽한 사례이다. A사는 고객 다수가 무역 박람회에 대해 통상적인 결정을 뒤로 미루고 전반적인 이슈와 관심사에 집중한다는 사실을 알아냈다. 그래서 이 기업은 본사 제품에 대한 관심을 바꾸기 위해 새로운 세일즈 접근법을 개발했다. 고객에게 무역 박람회의 전략적 가치에 관해 실례를 들어 설명한 다음 무역 박람회에서 더 많은 이익을 거둘 수 있는 마케팅 서비스와 판매 지원을 제공한 것이다. 이 접근법은 아주 성공적이라는 사실이 입증되었는데, 그 원인은 단 한 가지 핵심 요소, 바로 '고객 중심 세일즈'에 있다. 다시 말해 고객과 밀접한 관계를 유지하여 경쟁 세일즈맨들과 차별화했다는 것이다.

이 예에서 알 수 있듯이 세일즈맨은 장기간에 걸쳐 가치를 생산하기 위해 열심히 노력해야 한다. 고객 맞춤형 솔루션을 개발하여 고객사뿐 아니라 자신의 회사에도 이익을 내야 하는 것이다.

오늘날 세일즈맨의 목적은 비즈니스를 개발하고 고객 충성도에 영향을 미치는 것이다.

세일즈맨은 고객의 니즈에 대해 깊이 있는 지식을 가져야 하며, 고객의 니즈가 시간에 따라 어떻게 변하는지도 파악해야 한다. 또한 오늘날과 같은 상황에서 고객이 겪는 더 큰 압박과 전략적 의사 결정자 역할을 인식해야 한다. 그런데 세일즈맨에게 너무 당연한 인식임에도 계약을 마무리 짓는 단기적 압박을 받을 때는 잊어버리기 쉽다. 실제로 세일즈맨들이 압박을 받는 가장 큰 이슈는 다음과 같다.

· 경제적 문제
· 경쟁

· 전자상거래(e-commerce)와의 공존

· 한정적 고객

· 의사 결정자에게 도달하기

이들 이슈 중 어느 하나도 고객 중심인 것은 없다. 그렇다 보니 고객은 형편없는 세일즈맨에게 불평을 늘어놓기 일쑤다. 고객이 세일즈맨에게 갖는 불만은 다음과 같다.

· 정직하지 못하다.

· 내 비즈니스 또는 나의 특수한 관심사를 파악하고 있지 않다.

· 대인관계 기술이 부족하다.

· 내 말에 진정으로 귀를 기울이지 않는다.

· 내가 이미 알고 있는 것 이상의 정보를 알려주지 않는다.

· 변화를 따라오지 못하거나 변한 것들에 대해 내게 알려주지 않는다.

흔히 말하는 '강매하는' 세일즈맨이 지금도 세상에 가득 차 있으며 수많은 잠재고객에게 실망을 주고 있다. 하지만 때로는 업계 최고라고 불리는 세일즈맨들도 설령 잠깐뿐이기는 하더라도 '고객 중심 세일즈'를 버리고 강매 세일즈를 하기도 한다.

오늘날의 세일즈맨은 10년 전보다 더 큰 어려움에 직면해 있다. 하지만 10년 후에도 똑같은 말을 할 것이다. 당신이 제시할 수 있는 것과 고객 중심 세일즈는 과장된 광고와 빈말을 뜻하는 것이 아니다. 최고 세일즈맨은 고객 중심 세일즈가 효과가 있다는 것을 입증했다. 최고 세일즈맨은 매일 고객 중심 세일즈를 활용하여 성공적인 판매를 하고 있으며 이것을 유지하기 위해 다섯 가지 구체적인 규칙을 실천한다. 이 규칙이야말로 다른 세일즈맨을 능가하는 이유다. 최고 세일즈맨이 대부분의 시간을 투자하여 핵심 역할을 나타내는 규칙은 다음과 같다.

1. 비즈니스 컨설턴트
2. 장기 협력자
3. 전략적 조정자
4. 한결같은 경작자
5. 집중하는 낙관론자

처음 세 가지 규칙은 가치를 부가하고 고객과 신뢰관계 구축을 강조한 것이며, 나머지 두 가지는 목표를 정하고 가속도를 유지하는 전략을 의미한다.

·01·

세일즈 역할을
숙달하라

어느 날 문득 나는 업무에 가치를 부여해주지 않는 세일즈맨과 거래를 하고 있다는 것을 깨달았다. 그는 우리의 임대 협약에 변화가 있어도 알려주지 않았고, 우리 회사의 홈페이지에 올라오는 소식도 읽지 않았으며, 심지어 설비를 주기적으로 테스트할 필요가 있을 때도 말을 해주지 않았다.

굳이 좋은 점을 찾자면, 그가 나에게 새로운 비즈니스를 소개해 달라고 괴롭히는 법은 절대 없었다는 것이다. 자기 분야를 힘겹게 지키느라 너무 바빴으니까. 그래서 나는 그가 놓쳐버린 고객 리스트에 내 이름을 올리기로 결심했다. 사실 나는 그 사람이 소속한 회사와는 관계를 계속 유지할 수도 있었다. 그 회사의 상품이 괜찮았기 때문이다.

요즘은 상품이나 서비스를 마구 들이대거나 요란한 프레젠테이션만으로는 살아남을 수 없다. 세일즈맨은 고객의 목표를 깊이 이해하고, 그 목표를 달성하기 위해 고객과 협력해야 한다. 세일즈맨은 고객의 비즈니스 파트너로서 다음과 같은 말과 행동을 보여주어야 한다.

- **헌신:** 가장 중요한 목표는 고객이 장기적 비즈니스 목표를 달성하도록 돕는 것이다.
- **관심:** 당분간 거래 가능성이 없을 때에도 고객과 친밀한 관계를 유지한다.
- **전략적 집중:** 고객의 니즈에 창의적이고 적절한 솔루션을 제공한다.

최고 세일즈맨을 연구한 결과, 그들이 경쟁자보다 앞서는 이유는 다섯 가지 규칙 덕분이었다. 이것이야말로 종잇장처럼 일차원적이고 단순한 세일즈맨을 다차원적인 슈퍼스타로 만들어주는 필수적인 규칙이라고 할 수 있다.

고객은 급격히 변하는 비즈니스 환경을 잘 파악하여 최신 흐름에 맞는 조언을 할 수 있는 세일즈맨과 거래하고 싶어 한다.

1. 비즈니스 컨설턴트로 행동하라

비즈니스 컨설턴트라면 고객을 위한 '큰 그림'이라는 맥락에서 제품과 서비스에 대한 정보를 가르쳐줄 수 있어야 한다. 그러기 위해서는 고객의 비즈니스와 시장에 대한 철저한 지식, 고객의 경쟁 상황에 대한 예리한 통찰, 고객이 시장 점유율을 확보하기 위해 필요한 것이 무엇인지에 대한 정확한 판단이 있어야 한다.

비즈니스 컨설턴트의 역할에서 핵심적인 것은 통합성을 보여주고 고객의 비즈니스 난제를 통찰하는 능력이다. 당신이 고객에게 가치 있는 안내와 조언을 제시할 때 판매자와 공급자라는 기존의 역할을 초월하여 새롭고, 더 밀접하며, 잠재적으로 이익이 큰 관계를 시작할 수 있다. 비즈니스 컨설턴트가 되는 데 필요한 세 가지 요소는 다음과 같다.

• **신뢰할 수 있는 명성을 쌓아라:** 고객의 눈에 박식한 전문가로 비쳐야 한다. 심지어 소속된 회사 조직과 별개로 본인만의 명성을 쌓는 것도 중요하다. 또한 제품이나 서비스에 대한 전문성을 높이고 어떻게 하면 고객의 성공을 도울 수 있는지 그 방법을 알고 있어야 한다.

• **확고한 배경 지식을 쌓아라:** 고객은 자신의 회사나 업계에 대해 당신에게 자세히 알려줄 시간이 없다. 당신은 고객의 비즈니스 문제를 깊이 이해할 뿐 아니라 고객의 이익을 높여줄 수 있는 유용한 정보를 알고 있어야 한다.

• **고객의 시장과 비즈니스 목표를 늘 염두에 두어라:** 고객의 입장이 되어 고객의 시장 목표를 확인하는 것이야말로 스타 세일즈맨이 되는

핵심이다. 경쟁자들을 누르고 살아남아야 하는 고객의 심정으로 인터넷을 살펴보라. 어떤 인터넷 광고 회사의 간부는 이렇게 증언했다.

"저는 작년 내내 잠재고객이 비즈니스 분야에서 광고로 성공을 거두었다는 기사를 볼 때마다 스크랩해서 보냈습니다. 두 달 전에 그 잠재고객을 대상으로 프레젠테이션을 했는데, 이전보다 더 많은 지식을 갖추고 제 말을 들어줄 준비가 되어 있더군요. 덕분에 아주 큰 거래에서 성공했습니다."

• 올바른 솔루션을 개발하라: 오늘날처럼 바쁘게 돌아가는 세상에서 당신이 고객의 니즈를 파악하고 있으며 가장 훌륭한 솔루션을 제시할 수 있다는 사실을 보여줘야 한다. 이것보다 훌륭한 세일즈 기술은 없다. 최고 세일즈맨은 자신의 솔루션이 고객이 표현하거나 표현하지 않은 니즈에 들어맞는지 확인할 수 있는 질문을 던진다.

세일즈는 고객이 무엇을 원하는지를 잘 듣고 고객에게 필요한 것이 무엇인지를 정확히 알려주는 과정이다.

• 효과적으로 제시하고 제안하라. 바쁜 고객은 세일즈맨이 프레젠테이션을 잘하기를 바란다. 프레젠테이션을 하기 전에 미리 연습해보라. 연습을 철저히 하면 논리의 결점이 보이고, 목표를 예상할 수 있으며, 자신감을 높일 수 있다.

• 판매를 성사하라. 성공적인 세일즈맨은 언제 판매를 성사해야 할지 알고 있다. 그들은 고객이 구매하려는 낌새를 보이면 고객이 얻을 수 있는 혜택을 요약해서 주문을 요청한다.

고객의 구매 습관은 다양하게 변하므로 세일즈맨은 새로운 상황에 빨리 익숙해져야 한다. 세일즈맨은 조언가가 되어 고객에게 조언과 서비스를 함께 제공할 수 있어야 한다.

2. 장기 협력자가 되라

장기 협력자의 역할은 세일즈의 대인관계 측면에 관한 것이다. 고객의 장기 협력자가 되기 위해서는 무엇보다도 고객과 목적을 공유하고 있다는 생각을 전달해야 한다. 30초짜리 전화 한 통이든 장기간에 걸친 관계든 성공적인 세일즈맨은 고객과 인간적인 연대감을 어떻게 만들고, 그 중요성을 보여줄 기회를 어떻게 찾을지 잘 알고 있다. 장기 협력자는 당장 판매가 없을 때라도 고객과 밀접한 관계를 유지한다. 스타급 세일즈맨이 고객의 장기 협력자가 되는 방식은 다음의 세 가지다.

• 튼튼한 고객 관계를 만든다. 고객이 지닌 문제를 해결하기 위해 고객과 효과적으로 일하고 고객의 비즈니스가 성장하도록 돕는다. 고객

의 고객에게 집중하고 그들에게 더 큰 만족을 주려면 무엇을 할 수 있는지 판단하라. 어느 세일즈맨은 다음과 같이 말했다.

"저와 고객이 함께 일해서 제품이 효과를 발휘하도록 만들자 고객과 파트너십을 형성할 수 있었습니다. 즉, 일방적인 관계가 아니라 쌍방향이었던 거죠."

• **열린 의사소통을 한다.** 성공적인 세일즈맨은 고객과 정기적으로 의사소통하는 방법을 찾는다. 심지어 특별히 보고할 만한 진척사항이 없을 때에도 무엇이 어떻게 진행되고 있는지를 알려주면 고객이 고마워한다는 것을 알고 있다. 어떤 고객은 자신과 거래하는 세일즈맨을 가리켜 다음과 같이 말했다.

"그녀는 정기적으로 제게 상황을 알려줍니다. 그녀가 우리 일을 늘 염두에 두고 있다는 것을 알 수 있어서 좋습니다."

• **고객의 지지자가 된다.** 고객에게 친절히 대한다고 다가 아니다. 고객이 동료나 상사에게 훌륭하다는 칭찬을 듣고, 고객의 고객에게 훌륭한 사람이라는 평판을 얻도록 최선을 다해야 한다. 회계 관련 소프트웨어 분야에서 큰 성공을 거두고 있는 한 세일즈맨은 다음과 같이 말했다.

"저는 늘 '좋아, 이 사람이 성공할 수 있도록 어떻게 도울 수 있을까? 이 사람이 회사에서 스타가 되도록 하려면 어떻게 도우면 될까? 하고 생각합니다."

3. 전략적 조정자의 역할을 하라

전략적 조정자의 역할을 하려면 고객의 니즈를 효과적으로 충족하기 위해 당신의 회사가 가진 모든 자원을 동원해야 한다. 여기에는 생산·유통·서비스 문제를 해결하기 위해 동료에게 도움을 청하거나 세일즈 팀을 대표하여 고객과 교류하는 일 등이 있다.

이 역할에서 중요한 능력은 두 가지다. 하나는 회사 내에서 좋은 관계를 유지하는 능력이고, 다른 하나는 고객을 지원하는 데 필요한 모든 정보·자원·행위를 조정할 수 있는 능력이다. 이런 능력을 갖추면 고객의 니즈에 전사 차원에서 대응할 수 있고 고객에게 약속한 것을 완수할 수 있다.

세일즈맨은 모든 부문이 동시에 함께 작동하도록 노력한다는 점에서 오케스트라 지휘자와 같다. 오케스트라에서는 타악기·목관악기·현악기·금관악기가 자기들끼리만 연주하는 법이 없다. 세일즈 세계에서도 마찬가지다. 세일즈 회사 조직과 고객사 조직의 모든 구성요소가 동시에 작동해야 한다.

전략적 조정자가 되기 위한 방법은 다음과 같다.

• **자원을 모으고 조정하여 거래를 성사한다.** 성공적인 세일즈맨은 해당 거래와 해당 판매 회사의 조직에서 핵심 참가자들을 어떻게 조정해야 할지 잘 알고 있다. 여기에는 유통의 모든 측면을 조절하고 해당 단계 전 과정이 어떻게 진행되고 있는지 고객이 알도록 하는 것이 포함된다. 어떤 고객은 한 세일즈맨이 즉각적이면서도 효과적으로 판매 조직을 동원하여 자신의 이슈를 해결할 수 있는 것을 보고 난 뒤 자신의 비즈니스를 그에게 맡겼다고 한다. 이 고객은 만족을 표시하며 이렇게 말했다.

"그것을 보고 저는 이 사람이야말로 같이 비즈니스를 할 수 있는 사람이라는 확신이 들었습니다."

• **세일즈 과정을 관리한다.** 성공적인 세일즈맨은 고객의 구매 과정에 시간을 낭비하는 대신 그 고객의 구매 과정을 자신의 판매 과정과 맞추는 방법을 찾는다. 이들은 고객의 구매 과정에 포함되는 모든 참가자를 확인하는 것부터 시작한다. 성공적인 세일즈맨은 팀워크를 활용하여 오늘날처럼 복잡하기 짝이 없는 구매와 판매 과정에서 성공을 거두는 방법을 알고 있다.

고객에게 적절한 서비스를 제공하기 위해 필요한 부가적 자원이 있는지 판단한 다음, 그 자원을 획득하라. 모두에게 모든 고객의 이슈와 관심사를 알려라.

4. 한결같은 경작자가 되라

이 역할에서는 거래의 모든 것을 계획하고 관리하는 능력이 필요하다. 오늘날 많은 고객이 경쟁 압박이 심하고 선별한 소수의 판매자와 장기적 관계를 유지하는 경향이 있다는 사실을 생각하면 이 역할을 효과적으로 수행하는 능력이야말로 세일즈맨으로 성공하느냐 실패하느냐를 좌우할 수 있다. 한결같은 경작자가 되려면 다음과 같은 요건이 필요하다.

· 이익이 더 많은 거래를 성사하기 위해 시간을 투자하라.
· 지지부진한 영역이나 끊긴 거래를 되살린다는 명성을 쌓아라.
· 새로운 거래를 트는 데서 더 큰 성공을 거두어라.

이러한 역할을 효과적으로 하려면 두 가지 핵심 역량이 필요하다.

● 시간과 영역을 관리하라. 세일즈맨은 회사의 목표와 자신의 목적을 어떻게 관리하고 있는지 한 걸음 물러서서 살펴볼 수 있어야 한다. 또한 개인 일정을 정리하는 능력도 중요한데, 자잘한 거래를 많이 맡고 있다면 더더욱 그렇다. 최고 세일즈맨은 시간을 잘 쪼갠다. 최고 세일

즈맨은 쉽게 성사할 수 있는 세일즈부터 집중해서 일찍 끝낸 다음, 몇 시간 후 다시 집중할 수 있을 때 그보다 어려운 세일즈를 성사하기 위한 전략을 짠다.

• 현재 맡고 있는 거래를 유지하고 확장하라. 성공적인 세일즈맨은 노력을 어디에 집중해야 할지 잘 알고 있다. 가장 이익이 많은 거래에 초점을 맞추어야 한다는 것은 분명한 사실이다. 그런데도 문제가 많은 거래에 매달려 시간을 홀딱 빼앗기는 세일즈맨을 쉽게 찾아볼 수 있다. 멕시코시티에서 헬스케어 제품을 담당하는 한 세일즈맨은 다음과 같이 말했다.

"때로는 제일 까다로운 고객에게 제 시간의 대부분을 쏟아 붓느라 다른 고객을 잊어버릴 때가 있지요. 다른 고객은 굳이 챙기지 않아도 될 것처럼 보이니까요. 하지만 그러다 보면 그 고객과의 계약도 놓치고 그들의 니즈도 잊어버리게 됩니다. 그러면 다른 세일즈맨이 당신의 비즈니스를 가로챌 수도 있습니다."

최고 세일즈맨은 기존의 거래에서 넓고 깊은 판매를 성사하는 능력이 있다. 그들은 주된 거래에 더 집중한다. 사무실을 제공하는 서비스 기업에 소속된 세일즈맨들은 기존의 주 거래처 자원이 바닥나 창의적인 방식을 생각해내야 할 위기에 처했다. 그들은 지역 상인들에게서 가망고객을 소개 받기로 계획을 세웠다. 그런 다음 기존 거래처 한 곳당 세 곳 소개받기를 목표로 해서 성공을 거두었다고 한다.

5. 집중하는 낙관론자가 되라

경쟁이 심해지고 어려워질수록 중요한 점은 세일즈맨이 앞으로 전진하는 능력을 유지해야 한다는 것이다. 집중하는 낙관론자의 역할이란 세일즈맨이 긍정적인 분위기를 창출하여 판매가 세일즈맨과 고객 모두에게 즐겁고 빈번한 행위가 되도록 하는 것이다. 최고 세일즈맨의 비밀은 힘든 상황에서도 절대 포기하지 않고 끈질기게 앞으로 나아가면서 다른 사람들도 동참하도록 만드는 능력이다. 세일즈맨이 비즈니스에서 낙관적인 관점을 유지하기 위해서는 다음과 같이 행동해야 한다.

● **성공 동기를 부여받아라.** 가장 성공적인 세일즈맨은 자신이 하고 있는 일을 사랑하고 그것을 표현한다. 또한 이런 태도는 고객에게 전염된다. 고객은 세일즈맨이 자신의 일에 만족하고 있다는 사실과 자신감을 갖고 있다는 사실을 느낄 수 있다. 열정은 때로는 부족한 경험을 메워주기도 한다. 최고의 세일즈맨은 판매 경력이 얼마든 간에 자기 자신에게 성취 가능하면서도 신축성 있는 목표를 정해놓고 끝없이 자신의 할당량을 초과하도록 동기를 부여한다.

• **한 번 한 말은 반드시 지켜라.** 긍정적인 태도를 드러내는 한 가지 방법은 한 번 한 약속을 반드시 지키는 것, 그것도 초과해서 지키는 것이다. "덜 약속하고 더 해주어라"라고 하는 오래된 경구는 고금을 불문하고 진리다. 고객에게 하겠다고 말한 약속은 반드시 지키고, 납품 일정과 질적 요건을 일관되게 충족하고, 고객의 긴급한 니즈를 충족하도록 노력하라. 위기의 순간에 고객에게 약속한 내용보다 더 많은 일을 해내면 고객과 오랫동안 관계를 유지할 수 있다.

가장 중요한 사실은 고객이 당신에게 의지할 수 있다는 점을 알리고, 고객이 절대 실망하지 않도록 하는 것이다.

• **고객의 주목을 끌고 유지하라.** 낙관론이 도움이 되기는 하지만 끈기가 없으면 낙관론만으로는 목적을 달성할 수 없다. 사실 끈기야말로 최고 세일즈맨이 가장 자주 언급하는 자질 가운데 하나다.

최고 세일즈맨은 될 만한 분야에 발을 들여놓는 것을 주저하지 않는다. 한 세일즈맨은 고객에게 껍질에 페인트로 전화번호를 적은 코코넛을 보냈다. 그 고객은 즐겁게 웃고 나서 누가 그런 재미있는 일을 했는지 알아보려고 전화를 했다. 끈기 있는 것과 성가시게 하는 것은 종이 한 장 차이다. 너무 지나치지 않도록 주의하면서 고객에게 충분한 관심을 주어도 좋은지 물어보라. 고객은 당신이 귀찮아져 피하고 싶어도 그런 마음을 언제나 표현하지는 않는다.

6. 또 다른 기법

• **비즈니스 전문성을 보강하라.** 비즈니스 컨설턴트 역할을 효과적으로 수행하려면 고객의 회사와 당신이 상품을 판매하려는 업계와 일반적인 시장에 대한 광범위한 지식을 보여주는 것이 중요하다. 이는 끊임없이 지식을 넓혀야 하는 이유다. 비즈니스 이슈에 대한 이해도에 어느 정도 차이가 있는지 확인하고, 그 차이를 좁힐 수 있는 실행 계획을 만들어라. 비즈니스 잡지나 무역 관련 출판물을 읽고, 고객과 동료에게 시장 트렌드에 대한 의견을 구하고, 연락처를 활용하여 고객사에 대한 정보를 입수하라.

• **고객에 대한 데이터베이스를 만들어라.** 현재 고객이나 가망고객에 대한 정보를 개선하는 좋은 방법은 종합적인 데이터베이스를 만드는 일이다. 단순히 연락처 관리 시스템을 넘어 필요할 때마다 검색해볼 수 있어야 한다. 당신이 근무하는 부서의 팀 프로젝트로 데이터베이스를 구축한 다음 동료나 관리자에게 자료 입력을 요청하라. 고객사에 대한 연례 보고서와 신문·잡지 기사뿐 아니라 제품의 팸플릿도 포함해야 한다.

• **구매 센터, 새로운 거래, 전망 있는 시장을 찾아라.** 현재의 거래를 좀더 깊이 들여다보고 가능성의 지평을 넓히고, 새로운 구매 센터(구매결정 과정에 참가하거나 결정 과정에서 생기는 공통의 목표나 위험을 공유하는 모든

개인 또는 집단)를 소개받아라. 전화 마케팅을 하고 있다면 통화 대본이나 인사말을 고쳐 써보고 가능성 있는 고객에게 다시 전화를 해본다.

• **고객의 눈에 자주 띄어라.** 빈번하게 그리고 정기적으로 고객과 접촉하면 관계를 튼튼하게 할 수 있다. 구매·재주문·계약 이행 후에 전화를 걸어 진행 상황을 확인하라. 한 달에 한 번 또는 두 달에 한 번 회의를 열어 현재의 이슈나 문제를 검토하라. 당신이 업계 콘퍼런스에서 주최하는 비즈니스 강의나 프레젠테이션에 고객을 초청하라. 고객이 보지 못했을지 모르는 신문 기사를 이메일로 보내라. 무엇을 하든 고객에게 관심이 있다는 점을 확인해주고, 당신이 고객과 맺는 관계를 소중히 생각하고 있다는 사실을 보여줘라.

• **관계의 격차를 없애라.** 세일즈맨의 관심 수준은 흔히 세일즈 전과 세일즈를 하는 동안에 가장 높고, 해당 세일즈가 끝나는 순간부터 급격히 낮아진다. 그러나 고객의 관심 수준은 정반대다. 고객은 세일즈의 후반부에 가서야 성공적인 계약이 이행될 것인지 우려하고 얼마나 효과가 있을 것인지를 고민하면서 절정에 이른다. 고객의 장기 협력자가 되려면 이런 관계의 격차를 없애야 한다. 어떻게 관계의 격차를 없앨 수 있을까? 당신이 장기간에 걸쳐 헌신하고 있다는 것을 보여주고 해당 세일즈 과정의 모든 단계에서 고객에게 끊임없이 서비스와 지원을 보내고 있다는 점을 확인하게 하는 것이다. 어느 고객의 다음과 같은 평을 들어보라.

"저는 저나 제 회사에서 이익을 뽑아내려고 하는 공급자는 믿을 수 없습니다. 그런 일이 생기면 저는 즉시 관계를 끊어버리죠."

이런 일이 당신에게 일어나서는 안 된다.

• 자신에게 동기를 부여하고 새로운 아이디어를 얻기 위해 뒤집어 생각하라. 당신이 드디어 고객의 주목을 얻고 훌륭한 제안을 해서 큰 계약을 맺었다고 가정해보자. 그럼 이제부터는 뒤돌아보며 '어떻게 이 힘든 계약을 이끌어냈는가?', '당신이 번 여윳돈을 어떻게 썼는가?', '왜 다른 세일즈맨들이 당신에게 와서 조언을 구했는가?', '당신은 그들에게 어떤 조언을 했는가?'라고 상상하는 것이다.

• 거래를 성사하는 수준을 넘어 관리를 하라. 훌륭한 세일즈맨은 자신을 고객과 공급자 사이의 관계를 담당하는 매니저라고 생각하고, 그 두 조직 사이의 주된 접촉자임을 자처한다. 세일즈를 성사하는 데에만 집중하는 것이 아니라, 관계의 모든 측면에 책무를 지고 있다고 생각하고 고객에게 서비스하는 해당 조직(제조·운송·홍보) 내의 모든 사람과 접촉을 유지한다.

훌륭한 세일즈맨은 고객의 관점을 온전히 자신의 것으로 내면화하는 능력이 있다. 사실 이들은 자신의 회사만큼이나 고객사를 위해 일하는 것처럼 보이기도 한다.

최초로 세일즈
전화 일정을 잡아라

저는 우리 회사 CIO의 비서입니다. 상사에게 걸려오는 전화를 받고, 이메일을 정리하고, 일정을 관리하는 것도 제 몫입니다. 그런데 저를 멍청이 취급하면서 저를 꼬드겨 상사에게 전화를 연결시키려는 세일즈맨들의 전화를 받느라 근무 시간의 반을 써버리는 느낌입니다. 그리고 나머지 반은 속사포처럼 빠른 말로 제품을 홍보하고 팩스 기계를 고장 낼 기세로 '귀중한 정보'를 마구 보내는 세일즈맨들의 전화를 받는 데 쓰지요. 물론 그들도 자기 할 일을 하는 것뿐이라는 사실은 압니다. 하지만 그들이 알아야 할 게 있어요. 제가 사무실로 걸려오는 세일즈맨들의 전화를 모두 CIO에게 연결했다가는 그분이 자기 업무를 볼 시간은 1분도 없을 겁니다.

잠재고객 발굴이란 가능성이 있는 고객을 확인하고 접촉하여 가능성을 파악한 후 세일즈 전화 일정을 잡는 것이다. 잠재고객을 발굴하면 더 많은 고객을 찾거나 소규모 거래를 대규모 거래로 대체할 수 있으며, 당신의 세일즈 활동 파이프라인에서 언제나 물이 콸콸 흐르게 할 수 있다.

그러나 전화·우편·이메일을 포함해 임의의 권유 전화(cold-calling)로 얻을 수 있는 고객은 극히 적다. 따라서 기존 고객에게 하는 판매활동보다 우선순위가 낮아야 하는 것은 당연하다. 예를 들어 고객이 자꾸 이탈하거나 생산성이 낮은 거래가 많거나 또는 새로운 세일즈 영역에 들어와 있다면 잠재고객 발굴에 너무 많은 시간을 쏟고 있는지도 모른다.

잠재고객은 다양한 경로로 찾을 수 있다, 즉, 기존 고객이나 잠재고객에게 소개를 받거나 마케팅 활동을 하면서 신규고객을 발견할 수도 있다. 또한 업계 안내서와 안내 책자·회사 조직표·협회 회원 명단·상업 메일링 등을 잘 관찰하여 찾는 방법이 있다.

잠재고객 발굴 전화를 할 때 성공 가능성을 높이려면 여느 세일즈 전화와 마찬가지로 접근해야 한다. 미리 정리해서 준비하고, 세일즈 기술을 잘 활용하며, 전문가답게 행동하고, 무엇보다도 고객 중심 태도를 유지해야 한다.

1. 전화를 준비하라

가망고객을 확보하면 우선순위를 정해야 한다. 먼저 시간을 어디에 투자하면 좋을지 조사한다. 당신의 솔루션에 맞는 니즈를 가지고 있을 뿐만 아니라 그 솔루션을 구매할 능력이 있는 회사에 노력을 투자해야 한다. 구매 가능성은 다양한 정보를 활용하여 파악할 수 있다. 인터넷에서 구할 수 있는 회사 프로필 · 뉴스 기록 보관소 · 연례 보고서나 재정 데이터 · 보도자료 · 업계 프로필을 활용하면 된다. 이런 정보들을 활용하여 가망고객의 특정 상황에 맞추어 메시지를 보내면 관심을 끌 수 있다.

수화기를 들기 전에 직무상으로나 개인적으로 소개를 받을 수 있는 경로가 있는지 알아보는 것도 좋다. 그렇게 하면 성공률을 높일 수 있다. 또는 전화를 하기 전에 먼저 편지나 이메일을 보내 전화를 해야 하는 이유를 알려주고 해당 가망고객에게 몇 가지 정보를 제공하는 것도 좋다.

2. 이제 전화를 해보자

가망고객 발굴을 위해 전화를 하는 일은 세일즈 업무 중 가장 싫은 업무일 것이다. 고객 발굴 전화에서 성공하려면 준비, 정리, 의사타진 기술, 인내심만 있으면 된다.

먼저 간단한 소개로 시작한다. 가망고객에게 인사를 하고, 당신이 누구이며 무엇을 소개하려 하는지 밝힌다. "안녕하십니까. 저는 ○○○보험사의 □□□입니다. 혹시 저희 회사 상품을 알고 계시는지요?"와 같이 이전에 당신 회사에 대해 들어본 적이 있는지 확인한다.

• 고객이 당신의 상품을 알고 있다면 다음 단계는 고객의 관심을 얻는 것이다. 당신이 왜 전화를 걸었는지, 무엇을 성취하기를 희망하는지 말한다. 그리고 "지난 주에 선생님께서 저희 홈페이지를 방문하셔서 저희 회사의 소규모 비즈니스 보안 서비스에 대해 추가 정보를 요청하셨습니다. 저희 시스템이 선생님에게 알맞은 것인지 확인하기 위해 몇 가지만 알려주시면 감사하겠습니다"와 같이 다시 한 번 고객 중심의 관계를 확보하는 말을 한다. 아울러 고객의 시간과 의견을 존중하라. "몇 가지 질문을 드려도 되겠습니까?"와 같은 말로 고객이 이 대화를 계속하고 싶어 하는지 확인하라.

• 고객이 당신의 상품이나 회사를 모른다면 간단히 소개하는 시간을 가진다. 당신의 회사가 어떤 일을 하는지, 경쟁사와는 어떤 점에서 차별되는지에 대한 정보를 제공하는 것이다. 이때는 간결하고도 기억하기 쉬운 정보를 제시해야 하며, 전화를 하기 전에 미리 준비해두어야 한다. "저희 회사는 남동부에서 가장 큰 고급 내구성 가구 소매점입니다"와 같은 정보를 제공한 후에 고객의 관심을 얻는 단계로 넘어가면 된다.

가망고객이 대화를 계속하고 싶어 하지 않는다면 나중에 특정 날짜를 지정해서 다시 전화를 걸어도 괜찮은지 묻는다. 가망고객이 동의하면 이제는 가능성을 파악하는 시간이다. 이를 위해서는 비즈니스 기회의 가능성이 어느 정도인지, 구매를 결정하는 권한은 누구에게 있는지, 그 회사의 조직이 당신의 구매 노력을 실증할 자원을 가지고 있는지 없는지를 판단할 수 있는 정보를 충분히 얻어야 한다. 가망고객의 관심을 얻고 가능성을 파악했다면 다음 단계는 회의(또는 추후 전화)를 요청하는 것이다. 가망고객에게 회의가 필요한 이유를 요약해서 설명하고 약속을 잡는다.

3. 문지기를 통과하라

가망고객 발굴 전화에서 종종 마주치는 난제는 '문지기' 또는 '걸러내는 자'를 통과하는 일이다. 이들은 걸려오는 전화를 대신 받아 의사 결정자의 시간을 보호하는 것이 업무다. 명심할 것은, 이런 문지기들도 당신이 이야기를 나누고 싶은 가망고객의 연장선상에 있다는 사실이다. 그들을 장애물로 취급하면 가망고객과 관계를 쌓을 때 절대 넘을 수 없는 벽을 만드는 셈이다. 종종 문지기들은 가치 있는 정보원이 되기도 한다. 정중함과 존중심을 갖추고 대우하면 동지가 될 수 있다. 이들에게 충분한 정보를 제공하여 의사 결정자로 하여금 당신과 이야기를 나누면 꽤 유용할 것이라는 결론을 내리게 해야 한다.

4. 또 다른 기법

• 전화를 한 후 해당 전화에 대한 되새김을 한다. 가망고객 발굴 기술을 늘리는 좋은 방법은 전화를 한 후 되새김 시간을 갖는 것이다. 잘한 부분은 어디인가? 개선이 필요한 부분은 어디인가? 더 익숙해져야 할 필요가 있는 정보는 어떤 종류인가? 다른 자원보다 더 생산적으로 보이는 가망고객 자원이 있는가? 이번에 전화한 회사와 동일한 업계의 다른 회사에 전화할 때 도움이 될 만한 교훈이 있는가?

• 다시 전화하겠다는 허락을 구한다. 가망고객을 발굴하기 위해 전화를 하다 보면 가망고객이 점점 흥미를 잃고 있다는 사실을 탐지할 수 있다. 그 시점에서는 특정 시간에 다시 전화하겠다는 허락을 구하는 것이 좋을 수도 있다. 그러면 관련 정보를 더 많이 준비할 수 있고, 가망고객도 당신의 전화를 기대할 것이다.

• 소개를 부탁한다. 가망고객에게 가능성이 없다고 파악하거나 추가 정보를 구하는 데 흥미가 없다는 판단이 섰더라도 소개를 부탁하는 것은 별로 어색한 일이 아니다. 가망고객이 자신의 회사 내에 또는 자신의 비즈니스 관계에서나 개인적으로 아는 사람 중에서 당신의 상품과 더 잘 맞는 사람을 알고 있을지도 모른다. 발굴 전화를 세일즈맨답게 해냈다면 가망고객이 기꺼이 정보를 알려줄 가능성이 높다.

• **일찍 또는 늦게 전화한다.** 통화가 잘 안 되는 사람이라면 정상적인 근무시간보다 일찍 또는 늦게 전화해보라. 의사 결정자와 통화할 가능성이 높아질 것이다.

• **가장 좋은 방식을 공유한다.** 세일즈 매니저나 동료에게 말해 가장 좋은 반응을 경험한 메시지와 편지가 무엇이었는지 정기적으로 알아본다. 이때 시간 투자가 필요 없는 메시지에 시간을 낭비하지 말아야 한다.

• **꼼꼼하게 기록한다.** 전화 결과를 기록으로 남긴다. 가망고객을 찾아냈다면 이전에 전화를 건 적이 있었는지 알아보고 싶을 것이다. 가망고객을 발굴하려면 소개·추후 전화·편지·팩스·이메일 등을 포함하여 여러 가지로 작업을 해야 한다. 당신이 언제, 어느 단계까지 갔는지를 기록해두면 타이밍을 관리하고, 흥미를 끌어올리고, 중복되는 정보를 보내지 않으면서도 메시지를 강화할 수 있다.

고객 관계 시작하기

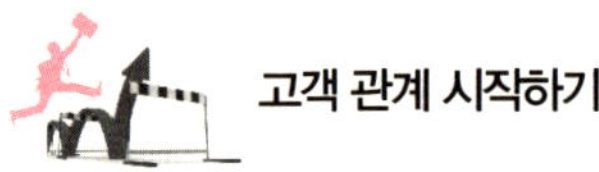

고객 관계 시작하기

세일즈에서 가장 중요한 일은 고객과 튼튼한 관계를 쌓는 일이다. 견고하고 장기적인 고객 관계를 창출하는 것은 빼놓을 수 없는 일이다. 왜냐하면 오늘날처럼 경쟁이 치열한 시대에는 충실하고 만족해하는 고객을 확보하는 일이 무엇보다 중요하기 때문이다. 고객은 추천과 소개라는 면에서도 중요하다. 세일즈 조직에서 새로운 비즈니스 관계를 시작하는 비용이 점점 더 높아지고 있어 기존 고객을 잘 관리하여 파트너십을 유지하는 게 이익도 훨씬 크기 때문이다.

장기적 관계를 창출하려면 어떻게 해야 할까? 먼저 세일즈맨과 고객 사이에 신뢰 지향적 관계를 쌓는 것이 필요하다. 이런 관계는 단순히 사고파는 것 이상을 의미한다. 또한 세일즈맨의 인격과 기술도 이런 관계를 창출하는 핵심이다.

그렇다면 이 모든 것을 어떻게 해내야 할까? 이제부터 우리는 여러 가지 귀중한 기술을 선보이고자 한다. 당신이 고객에게 진실성과 신뢰성을 쌓기 위해 무엇이 필요한지를 보여줄 것이다. 이것은 우리의 고객관계에 관한 연구 결과와 들어맞는 기술로 오늘날 고객이 세일즈맨에게 가장 많이 바라는 기대사항이기도 하다.

· 약속을 지키는 세일즈맨
· 자신의 상품이나 서비스를 잘 알고 있는 세일즈맨

고객과 관계를 잘 맺으면 다른 중요한 세일즈 요소에 집중할 수 있게 된다. 회사 내에 필요한 여러 가지 서로 다른 기능에 대한 노력을 조절한다거나 세일즈 팀을 이끈다거나 회사의 다른 부서와 의사소통하여 상품과 서비스의 납품을 촉진할 수 있다.

오늘날 세일즈맨은 단순히 세일즈를 성사하는 것 이상의 능력을 갖춰야 한다. 강력한 고객 관계 기반을 갖추지 못하면 당신이 비즈니스를 유지하기 위해 사용하는 다른 전술들은 아무런 효과를 발휘할 수 없다.

01

공부하라
― 철저한 준비 과정

작은 회사를 운영하는 저는 회사 전화의 설비 기능을 높이려고 생각 중이었습니다. 그래서 인터넷 검색을 해서 시중에 나와 있는 설비와 서비스 가격을 알아보았지요. 사무용품 공급업체 한군데에 전화를 걸어 정보와 견적을 요청하니 그쪽에서 세일즈맨 한 명을 보냈습니다. 저는 그 회사뿐 아니라 다른 경쟁업체들의 홈페이지도 검색해보았기에 저희 회사에 필요한 설비 상품에 대한 정보를 어느 정도 갖추고 있는 상태였지요. 제게 온 세일즈맨은 이런저런 시스템을 추천하기 시작했는데, 가만히 들어보니 그 사람보다 제가 더 그 상품에 대해 잘 알고 있더군요. 게다가 그 사람은 제가 무엇을 원하는지 제대로 이해하려고 하지도 않았습니다. 그는 우리 회사에는 맞지 않을 것임을 이미 알고 있는 제게 시스템을 시험 삼아 설치해보라고 말하더군요.

시합을 하다 보면 이길 때도 있고 질 때도 있고 우천으로 취소되기도 한다. 하지만 그것에 상관없이 일단 유니폼을 갖춰 입고 경기를 준비해야 한다. 계획을 세우는 일은 성공을 위한 중요한 주춧돌이다. 발전을 위한 성취 목표가 없다면 아무것도 이룰 수 없다. 그래서 성공적인 세일즈맨은 끊임없이 새로운 영역에 대한 지식을 추구하고, 가망고객 발굴 역량을 향상하며, 효과적인 프레젠테이션 기술을 개발하려고 노력한다. 특히 신입 세일즈맨은 학습 곡선이 매우 가파르게 올라가는데, 상품·고객·조직 구조·정책 등 한꺼번에 배워서 소화할 내용이 많기 때문이다.

준비와 실천은 세일즈의 성공을 위해 중요하다. 훌륭한 세일즈맨은 세일즈를 하는 동안 '어떤' 기술과 지식을 적용해야 할지 알 뿐만 아니라 그런 기술과 지식을 '어떻게' 적용해야 최대의 효과를 거두는지 판단할 수 있다. 또한 자신의 세일즈 접근법을 완벽하게 가다듬어 성과를 올리기 위해 끊임없이 노력한다.

1. 적절한 세일즈 의식구조를 개발하라

오늘날 세일즈에서 성공을 거두기 위한 첫 단계는 자신에 대해 생각하는 것이다. 세일즈맨으로서뿐만 아니라 비즈니스 전문가로서 말이다. 고객에게 알맞은 상품과 서비스를 제공하고 고객 문제에 적절한 솔루션을 제시하려면 당신이 취급하는 상품의 특징과 혜택을 잘 아는 것만으로는 충분치 않다. 고객의 니즈, 시장 환경, 오늘날의 비즈니스에 영향을 미치는 여러 가지 요소에 대해서도 알고 있어야 한다.

또한 상품을 어떻게 포지셔닝하여 고객의 니즈를 충족할 수 있는지를 보여주는 방법도 알아야 한다. 무엇보다 고객에게 당신은 진정한 비즈니스 '자원'이 되어야 한다. 그 의미는 다음과 같다.

• **고객은 당신이 정보를 알려주고 가르쳐주기를 원한다.** 오늘날 고객은 그 어느 때보다 교육 수준이 높고 지식이 많다. 그럼에도 여전히 비즈니스 세계를 비롯해 신흥 시장, 새로운 경쟁사에 대한 새로운 정보를 원한다. 비즈니스에 대한 지식을 늘리는 여러 가지 방법에 대해서는 잠시 후에 다룰 것이다.

• **고객은 자신의 문제가 해결되기를 원한다.** 오늘날 고객은 이전보다 많은 책무를 지고 더 많은 이익을 내야 하는 압박 속에서 일한다. 고객은 당신이 자신의 비즈니스 문제에 효과적인 솔루션을 제시해 도움을 주기를 원한다. 신뢰와 믿음을 얻으면 고객은 당신에게 자신의 문제를 털어놓을 것이다.

• **고객은 경쟁사를 앞지를 수 있는 방법에 관한 조언을 원한다.** 오늘날 고객이 직면하는 경쟁은 이전보다 훨씬 더 격렬하고 범세계적이

다. 고객은 당신이 경쟁자들을 앞지를 수 있는 새로운 방법을 알려주기를 원한다. 따라서 고객이 제품이나 서비스의 이미지, 생산성과 품질을 개선하는 데 도움이 되는 솔루션을 제공하는 것이 좋다.

지금까지 상품 판매는 많은 변화를 겪었다. 그 속에서 당신은 상품의 특징과 혜택을 팔고 특정 시장에 상품을 선보이면서 고객이 모든 요구사항을 충족할 수 있도록 해야 한다.

2. 총체적 지식을 늘려라

지식은 거래를 성공할 수 있도록 좋은 기회를 제공해준다. 가망고객에게 긍정적인 인상을 주고 그들의 비즈니스 니즈를 충족하는 데 필요한 정보를 찾은 다음 거래 각각에 대한 목표를 정하라. 당신의 목표를 달성하기 위해 필요한 정보는 무엇인가? 특히 중요한 지식은 다음 네 가지다.

• **일반적인 비즈니스 지식.** 오늘날 고객이 이야기를 나누고 싶어 하는 세일즈맨은 책을 많이 읽어 박식하고, 시장을 잘 이해하며, 시장 트렌드를 놓치지 않는 사람이다. 매일 공부하여 비즈니스 뉴스와 시장 조건에 뒤처지지 마라. 연례 보고서, 무역 출판물, 상품 정보지를 읽어라. 세일즈맨 조직과 비즈니스 조직의 회원으로 활동하라. 그리고 비

즈니스 이슈를 집중적으로 다루는 케이블 TV의 뉴스 프로그램을 시청하라.

• **상품 지식.** 오늘날 고객은 당신이 파는 상품에 대해 전문적인 지식을 쌓을 시간이 없다. 고객은 제품이나 서비스가 자신의 니즈를 어떻게 충족하는지 알려주기를 원한다. 그러므로 제품 설명서 · 특징 · 혜택 · 비즈니스 이슈 · 유통 일정 · 서비스 사항에 관한 지식을 고객에게 확실히 드러내야 한다.

• **회사나 업계 지식.** 오늘날 고객이 접하는 공급업체는 점점 더 줄어들고 있다. 고객은 자신은 물론 자신이 속한 업계에 대해 상세하게 알고 있는 세일즈맨을 더 높이 평가하게 마련이다. 고객은 자신의 회사 조직에 대해 당신에게 설명할 시간이 없다. 고객은 처음부터 자신이 무슨 일을 하는지, 무엇을 파는지, 경쟁사가 어디인지, 제품이나 서비스가 자신의 회사 전략을 어떻게 뒷받침할 수 있는지를 당신이 알고 있기를 바란다.

• **당신의 경쟁자에 대한 지식.** 가망고객에게 얼마나 많은 시간과 노력을 투자해야 하는지를 평가하기 위해서는 비즈니스 지인을 활용하여 당신의 경쟁자가 누구인지를 찾아야 한다. 이때 알아봐야 할 사항은 '경쟁자는 해당 가망고객과 본질적으로 어떤 관계인가?', '얼마나 오래 같이 일해왔는가?', '그 가망고객은 그 경쟁자에게 얼마나 만족하고 있

는가?, '당신의 경쟁자가 제공하는 제품이나 서비스는 어떤 이점이 있
는가?, '당신이 제시할 수 있는 것과 어떻게 비교할 수 있는가?, '어떻
게 하면 경쟁상의 우위를 차지할 수 있는가? 등이다.

오늘날 고객은 세일즈맨을 지식 브로커로 보는 경향이 있다. 직접
적 지식이나 지식에 대한 접근성은 세일즈 성공에서 중요한 요소다.

3. 세일즈 전화를 준비하라

당신은 가망고객을 발굴하기 위해 전화할 때마다 그에 맞는 전략과
추후 계획을 세워야 한다. 계획을 세우면 가망고객이나 당신 모두 시
간을 절약할 수 있다. 가장 생산적인 세일즈 전화란 구조화한 접근법
을 사용하여 핵심 정보를 얻고, 고객의 니즈를 알아내고, 고객을 돕는
방법을 확인하는 것이다. 고객은 시간이 별로 없으므로 효율적이고
효과적으로 움직여야 한다.

또한 가망고객을 발굴하기 위해 전화를 할 때마다 구체적이고, 현
실적이며, 가능한 특정 목표를 세워야 한다. 가망고객에게 견본을 제
공하여 한두 가지 제품에 익숙해지게 만드는 것이 목표일 수도 있고,
단순히 그 가망고객의 고객 몇몇에게 전화를 해도 된다는 약속을 받
아내는 것이 목표일 수도 있다. 목표가 무엇이든 간에 그런 목표를 관
측하거나 측정하지 않는다면 목표 달성 여부를 알 수 없다. 가망고객

에 대한 정보를 파악했다면 다음 질문에 답을 해보라.

· 가망고객이 흥미로워할 만한 비즈니스 지식은 무엇인가?
· 가망고객에게 직접 영향을 미칠 수 있는 비즈니스 또는 업계 트렌드는 무엇인가?
· 가망고객의 회사 조직에서 추구하는 핵심 비즈니스 전략이나 목표는 무엇인가?
· 가망고객의 제품이나 서비스에 대해 무엇을 말하고 싶은가?
· 당신의 경쟁자와 차별되는 점으로 무엇을 말하고 싶은가?

고객 중 대다수는 단독으로 의사 결정을 내릴 위치에 있지 않다. 따라서 가망고객의 회사 조직 내에 다른 구매 의사 결정자와 친분을 쌓도록 노력해야 한다. 자신에게 다음의 질문을 던져보라.

· 나는 이들 구매 그룹에 이익이 될 수 있는 가치를 가지고 있는가?
· 내가 제시해야 하는 것에서 가장 큰 이익을 얻는 구매 그룹은 어디인가?
· 지금 시점에서 구매 가능성이 가장 높은 구매 그룹은 어디인가?
· 이 회사 조직 내에서 가장 영향력이 큰 구매 그룹은 어디인가?

최고 세일즈맨은 목표를 명확히 하므로 시간을 낭비하지 않는다. 그들은 구체적 대상을 목표로 한다.

홀륭한 세일즈맨은 자신과 고객을 조직화하는 능력이 있다. 이들은 많은 시간을 투자하여 목표를 성취하기 위해 필요한 것을 계획하기 때문에 시간을 낭비하지 않는다. 각각의 세일즈 과정마다 철저히 준비하면 다음과 같은 이익이 있다.

• 고객의 질문이나 목표에 더 잘 대응할 수 있다. 가망고객이나 그들이 파는 상품이나 서비스, 가망고객의 현재 비즈니스 이슈에 대해 잘 파악하고 있으면 당신이 예상하지 못한 질문이나 목표 때문에 놀랄 가능성이 훨씬 줄어든다.

• 목표 성취 실패의 위험성을 최소화한다. 신중하게 세운 계획이 있으면 대화를 순조롭게 진행하고, 더욱 생산적인 토의를 촉진하며, 전화 목표를 성취할 가능성이 높아진다.

• 자신감을 유지한다. 미리 학습해놓으면 훨씬 유리한 위치에서 권위와 전문성을 세울 수 있으며, 자신감도 높아진다.

4. 자신의 회사 조직에서 지원을 얻어라

당신의 회사 조직에서 지원을 얻는 일은 세일즈 전화 준비와 실행에서 성공률을 높이는 핵심이다. 당신의 회사 조직은 세일즈 과정과 세일즈 자동화 또는 고객 관계 기술을 잘 정립하여 준비하고 있어야 한다. 또한 조직 전체가 고객 중심 세일즈를 잘 유지하고 있어야 하며, 고객의 니즈에 맞추어 당신의 솔루션을 지원하고 판매할 준비가 되어 있어야 한다.

실적이 좋은 회사는 세일즈 과정이 잘 정립되어 있다. 처음부터 끝까지 관리하는 잘 짜인 과정이 있다면 당신은 더 효율적이고 효과적인 세일즈맨이 될 수 있다. 당신이 회사 조직에서 필요한 지원을 얻고 있는지를 판단하기 위해 다음 질문에 답을 해보라.

· 가망고객 발굴부터 계약 이행 후 추후 조치까지 당신의 회사 조직에서 고객을 다루는 최고 수준은 무엇인가?
· 제안 접수 · 원료 주문 · 접촉 관리 · 재고 관리를 위한 시스템이 정립되어 있는가?
· 당신의 회사 조직은 가망고객 발굴을 위해 사용하는 구체적인 최고 실무 관행을 가지고 있는가?
· 당신의 세일즈 과정에서 여타 구성요소는 무엇인가?

성공적인 회사의 세일즈 조직은 가망고객과 고객에 대한 데이터베이스를 잘 갖추고 있는 것은 물론 세일즈맨들에게 최신 기술을 제공하여 정보에 정통하도록 돕는다. 최고 세일즈맨은 접촉 관리 소프트웨어를 사용하여 각각의 고객에 대한 정보를 저장하고, 추적하며, 노트북에 제품 지식 정보를 갖추고 이를 최대한 활용하여 효과를 본다.

5. 또 다른 기법

• 세일즈 전화는 직접 하라. 고객은 관심이 있는 경우 직접 만나기를 원한다. 직접 만나는 것은 여전히 고객의 니즈를 어떻게 충족하여 세일즈를 성사할지를 배우고 소통하며 판단할 수 있는 가장 효과적인 방법이다. 약속을 요청하기 위해 전화했을 때는 해당 가망고객에게 전화상으로 세일즈 프레젠테이션을 하지 않도록 하라. 전화를 건 목적이 구체적인 약속을 정하기 위한 것이지 세일즈를 성사하기 위한 것이 아님을 설명하라. 고객의 관심을 끄는 좋은 방법은, 직접 만나는 것이 가망고객에게 얼마나 유용한지를 강력한 비즈니스 화술로 설명하면서 대화를 시작하는 것이다.

일대일 접촉은 예나 지금이나 세일즈에서 중요한 요소이며, 앞으로

• **고객의 기대치에 부응하라.** 오늘날 고객은 그 어느 때보다도 지식이 풍부하고, 요구가 많으며, 비즈니스를 같이 하는 세일즈맨에 대한 기대도 높다. 첫 번째 교류를 시작할 때 고객은 세일즈맨이 해박한 비즈니스 지식과 강한 전문가 정신으로 무장했는지, 통찰력 있고 큰 그림을 보는 질문을 할 수 있는지 살핀다. 이런 고객의 기대치에 부응하려면 가망고객 발굴 전화를 할 때마다 많은 준비를 하고 언제나 자신감과 권위를 보여야 한다.

라포(rapport, 신뢰와 친근감 있는 관계)를 형성하지 못하면 고객은 당신과 정보를 공유하지 않는다.

• **판매를 위한 올바른 태도를 유지하라.** 열정과 긍정적 사고방식은 성공적인 판매에 중요하다. 하지만 올바른 태도를 갖는 것은 그보다 중요하다. 올바른 태도를 갖는다는 것은 고객의 감정이나 니즈에 빠르고 융통성 있게 대응하며, 세일즈 과정 내내 친근하면서도 비즈니스적인 면을 보이는 것이다. 성공적인 세일즈맨들은 진실성과 전문가 의식을 갖추고, 문제를 해결하겠다는 접근법을 지속적으로 유지한다.

• **자신의 성공과 실패를 분석하라.** 가망고객 발굴 전화를 끝낼 때마다 '나 자신을 어떻게 다루었는가?', '내 목표를 성취했는가?'와 같은 질문

을 던져 자신의 성과를 되새겨본다. 그런 다음 성공인지 실패인지 분석하고 필요하면 자신의 노력을 평가해 방향을 재설정한다. 이때 필요하다면 도움을 요청하라. 경험 많은 코치 같은 인물이 당신의 성과를 관찰하고 비평해준다면 커리어 전체가 훨씬 더 나아질 수도 있다. 새로운 방식을 두려워해선 안 된다. 가망고객 발굴 노력이 효과가 없다면 다른 접근법을 시도해보라.

• **체계와 정리가 중요하다.** 판매는 복잡한 과정으로 종종 오랜 기간 동안 수많은 고객과 가까운 관계를 유지해야 하는 경우가 많다. 따라서 이 일을 잘 해내려면 체계와 정리가 중요하다. 여기서 체계와 정리는 꼼꼼히 기록하는 것을 의미한다.

· 가망고객마다 거래 파일을 만든다.

· 고객마다 관련될 수 있는 새로운 기사나 업계 보고서를 포함한다.

· 회의를 하는 동안 고객 반응을 문서화한다.

· 해당 고객에게 무엇이 중요한지 기록한다.

· 합의한 다음 단계를 기록해둔다.

훌륭한 세일즈맨은 성공하기 위해 달성해야 하는 요소에 명확히 집중하고, 대상에 맞추어 끊임없이 자신을 판단한다. 그는 철저히 목표 지향적이다.

02

파트너십을 위한
기반을 세워라

어느 고객의 자택을 짓고 있는 중에 조리대를 특정 색깔로 해달라고 요청했습니다. 저는 그 일을 같이 하고 있는 회사가 그런 요청을 들어줄지 의심스러웠지만 일단 전화해보았습니다. 그 회사의 담당 세일즈맨은 그런 색깔을 보유하고 있지는 않지만 "여기저기 알아보고 해보겠습니다"라고 말하더군요. 그러고는 며칠 동안 소식을 듣지 못했습니다. 저는 결국 다시 연락을 했습니다. 세일즈맨은 제 전화를 받더니 놀라는 눈치였습니다. 그리고 용건을 말했더니 다른 제조업체에 전화해보는 걸 잊었다고 하지 뭐예요. 기한이 이틀밖에 남지 않았는데 말이죠. 그래서 저는 그에게 됐다고 말하고 직접 알아보기로 했습니다.

좋은 세일즈맨이 되려면 고객으로 생각하는 모든 사람과 협력해야 한다. 윈윈(win-win) 관계를 창출하기 위해 노력해야 고객과 여러 비즈니스를 계속 이어갈 수 있고 충실한 고객을 확보할 수 있다.

1. 고객은 당신의 배려를 원한다

고객은 약속을 지키고 특별히 마음을 써주는 세일즈맨과 비즈니스를 같이 하고 싶어 한다. 고객은 제품이나 서비스와 관련 있는 요소보다 딱히 꼬집어 말하기 어려운 무형의 측면, 즉 신뢰성·전문성·접근성·창의성과 같은 측면에 훨씬 더 많은 가치를 부여한다. 고객은 자신을 배려하고 장기적 관계를 쌓기 위해 노력하는 세일즈맨과 일하고 싶어 한다. 우리가 일급 세일즈 회사 조직의 고객들을 대상으로 면담했을 때 그들은 다음과 같은 세일즈맨과 일하고 싶다고 말했다.

· 고객의 니즈를 가장 중요시하는 사람

· 고객의 비즈니스와 업계에 대해 잘 알고 있는 사람

· 언제나 정중하고 우호적이며 일을 편안하게 처리하는 사람

· 일을 약속대로 처리하는 사람

· 고객과 자주 연락을 취하는 사람

· 고객의 비즈니스가 성장하는 것을 돕겠다는 의지를 표현하는 사람

· 상품을 사라고 압력을 가하지 않는 사람

· 세일즈가 끝난 후에도 접촉을 유지하는 사람

실례로, 한 세일즈맨은 고객의 회사 내 프레젠테이션을 보강하는 일을 도와주면서 연구를 지원하고, 재미있는 슬라이드를 개발하고, 주제와 관련 있는 전문가를 여러 명 섭외하여 면담하는 일을 주선했다. 그 프레젠테이션은 자신의 상품을 홍보하는 일과는 아무 관련이 없었다. 하지만 도움을 받은 고객은 그의 가치를 높이 평가했고, 덕분에 장기적인 관계를 쌓을 수 있었다.

훌륭한 세일즈맨은 세일즈 전화를 마친 후 '이 고객은 이번 전화를 어떻게 느꼈을까?' 하고 묻는다. 하지만 평범한 세일즈맨은 '나는 이번 전화에 대해 어떻게 느꼈는가?' 하고 자문한다.

2. 정직하고 신뢰할 만한 사람이 되어라

신뢰는 세일즈맨의 진실성과 헌신을 바탕으로 하며, 성공적인 비즈니스 파트너십에서 아주 중요한 요소다. 당신을 믿을 수 있다고 생각하기 시작하면 고객은 기꺼이 당신과 시간을 보내려 할 것이며, 중요한 정보를 알려주고 당신에게서 상품을 계속 구매할 가능성이 높아진다. 또한 당신을 회사 조직 내 다른 이들에게, 그리고 다른 회사의 친구나 동료에게 추천할 가능성도 높아진다. 당신이 고객과 관계를 잘 맺고 있다면 가격 문제도 잘 해결할 수 있고 유통 문제의 어려움도 잘 극복할 수 있다. 고객이 당신을 신뢰한다면 어떤 문제든 잘 해결할 수 있다. 그렇다면 어떻게 신뢰를 쌓을 수 있을까?

• 정직하라. 질문에 대답을 내놓을 수 없다면 고객에게 다른 정보를 제공하라. 그 정보가 설령 경쟁업체에 대한 것이라 할지라도 말이다. 만약 당신이 제시해야 하는 것이 고객의 니즈를 충족하지 못할 것 같다면 미리 그렇게 말하라. 당신의 성공 중 많은 부분이 당신의 진실성에 달려 있다.

• 현실적이 되어라. 당신의 상품·품질·유통·마무리에 대한 명확한 기대치를 처음부터 올바르게 세워라. 지킬 수 없는 약속을 해서는 안 된다. 또한 뜻밖의 상황이 생기지 않도록 해야 한다.

• 솔직하라. 잠재적인 문제가 미해결인 채로 남지 않도록 한다. 문제를 털어놓고 해결하라. 고객의 우려에 정직하게 대응하라.

• 옳은 일을 하라. 당신이 팔아야 할 것이 아닌 고객의 니즈를 바탕으로 추천하라. 고객의 장기적 관심에 맞지 않는 것이라면 비즈니스를 거절하라. 무엇보다도 당신이 하겠다고 말한 일을 하라.

3. 신용을 쌓아라

고객에게 신용을 쌓으면 존중과 확신을 얻고 고객의 의사 결정에 참여할 기회를 얻게 된다.

세일즈맨의 신용은 장기적인 비즈니스 파트너십으로 발전하는 데 중요한 요소다. 신용이 있으면 고객은 당신의 제품과 서비스(그리고 당신의 회사 조직)를 더욱 우호적으로 생각하며 당신의 추천을 더욱 진지하게 받아들일 것이다. 그렇다면 고객에게서 신용을 쌓는 방법은 무엇일까?

• 당신의 지식을 보여라. 당신이 박식하다는 것을 보이면 고객은 당신의 말이 지식을 바탕으로 한 것이며 비즈니스를 함께할 만한 사람이라고 생각한다.

• 당신의 자격을 강조하라. 고객은 당신이 비즈니스 모임에서 강연한 적이 있다거나 기고문을 썼다거나 패널 토의에 참여한 적이 있다거나 하는 경험이 있다는 것을 알면 당신을 전문가로 생각한다.

• 의사소통 기술을 연습하라. 생각을 명확히 밝히고 효과적으로 대화할 수 있다면 고객에게 긍정적인 인상을 줄 수 있다.

• **적절한 태도를 유지하라.** 우호적이면서도 비즈니스적인 태도를 보이면 고객에게 진지한 전문가라는 인상을 줄 수 있다.

• **헌신적인 모습을 보여라.** 시간을 지키고 믿음직한 사람이라는 모습을 보이면 당신은 고객에게 언제나 신뢰할 수 있는 세일즈맨이 된다.

4. 고객을 위한 가치를 창출하라

가장 훌륭한 비즈니스 파트너는 가치를 창출하는 사람이다. 최고 세일즈맨은 항상 고객을 위한 전략적 문제 해결사로서 행동하려고 노력한다. 이들은 고객의 비전을 공유하고 끊임없이 새로운 길을 찾아 고객이 더 큰 성공을 거두도록 돕고, 고객을 위해 가치를 부가하는 혁신적이고 독특한 솔루션을 추구한다.

고객은 자신의 내부나 외부 고객의 비즈니스 목표와 니즈를 충족하도록 돕는 세일즈맨을 높이 평가한다. 이런 방법으로 고객을 위한 가치를 창출하는 세일즈맨은 고객의 협력자가 된다. 즉, 신뢰할 만한 조언자이자 가치 있는 자원이 되는 것이다.

그렇다면 고객을 위한 전략적 문제 해결사가 되는 방법은 무엇일까?

• **전략적 니즈를 찾아라.** 겉으로 드러난 니즈에만 집중해선 안 된다. 효과적인 탐색을 통해 그 이면의 니즈를 찾아내라. 고객이 성취하고자 하는 전략적 목적이나 비즈니스 목표를 찾는 것이다.

• **창조적 솔루션을 개발하라.** 고객의 전략적 니즈를 가능한 가장 효율적이고 효과적인 방법으로 다루어라. 예를 들면 당신의 상품을 고객 맞춤형으로 만들어 제시하거나 제품과 서비스를 새롭게 조합해보는 것이다.

• **상호 이익이 되는 합의점을 찾아라.** 먼저 고객과 협력해서 눈앞의 문제를 공통으로 이해한다. 그런 다음 당신의 회사와 고객의 회사 양쪽에 합리적인 솔루션을 찾는다.

우리가 아는 어느 세일즈맨은 정보처리 시스템과 소프트웨어 회사를 위해 일할 때 이런 전략을 실천했다. 그의 고객 중 한 명은 뉴잉글랜드 지역에서 대규모 자동차 외장부품 판매점에 자동차 부품을 납품하는 회사에서 일하고 있었다. 그 회사는 재고 관리를 개선하기 위해 새 시스템을 도입하기로 결정하고, 그에게 솔루션을 제공해달라고 요청했다. 이 세일즈맨은 고객의 회사 내 관리층과 주요 고객을 면담한 끝에 중요한 사실을 발견했다. 재고 문제로 구매 주문이 심각하게 지연되어 자동차 외장부품 판매점의 일정에 나쁜 영향을 미친다는 사실이었다.

이 세일즈맨은 납품사를 판매점에 연결하여 고객이 부품을 직접 검색하여 바로 주문을 넣을 수 있는 맞춤형 솔루션을 추천했다. 비용은 높았지만 새로운 시스템 덕분에 판매가 증가했고, 고객의 만족도도 개선되었다.

고객과 같이 일할 때는 대립은 줄이고 상호 이익이 되는 부분에 집중할 수 있는 방법을 찾아야 한다. 오늘날 고객은 공급업체에게 더 많은 도움과 지원을 기대한다.

5. 또 다른 기법

• 양방향 대화를 유지한다. 가장 생산성이 높은 비즈니스 파트너십은 정보와 아이디어가 자유롭고 개방적으로 오가는 경우다. 혼자서만 대화를 주도하려 하거나 고객을 추궁하는 식이 되어서는 안 된다. 대화를 유지하는 좋은 방법은, 새로운 아이디어를 제시하거나 솔루션을 추천할 때마다 정기적으로 고객에게 피드백을 구하는 질문을 하는 것이다. 최고 세일즈맨은 이런 양방향 대화를 바탕으로 고객의 니즈를 파악하는 기술이 뛰어나다. 고객이 원하는 카드를 내놓지 못하는 세일즈맨은 결코 성공할 수 없다.

• 고객을 돕는다. 고객과 파트너가 되려면 당신이 고객 편에 서 있다

는 것을 보여주어야 한다. 다시 말해 고객을 위해 당신의 회사 내에서 대타로 나서고, 고객이 동료나 상사에게 훌륭하다는 인정을 받도록 만들고, 당장 판매할 가능성이 없을 때에도 지원과 정보를 제공하는 것이다.

• 고객과 사이에 다리를 놓는다. 고객과 장기적 관계를 만드는 핵심 단계는 고객이 성공하도록 돕는 일에 관심을 갖는 것이다. 고객과 만날 때마다 당신이 고객의 성공에 관심이 있음을 보여준다. 고객의 관심사를 파악하고, 공감하며, 고객의 니즈를 이해하고 있음을 보여주고, 고객이 더 나은 상황을 맞이할 수 있도록 당신이 할 수 있는 일이 무엇인지 묻는다. 공감 기술이 뛰어난 세일즈맨은 폭넓고 다양한 고객과 잘 지낼 수 있으며, 라포도 빨리 쌓을 수 있다.

• 항상 고객에게 정보를 알려준다. 고객에게 확신을 주는 좋은 방법은 해당 세일즈에 관련된 주요 결정 전부에 고객을 참여하도록 하고, 각 단계마다 고객에게 정보를 주는 것이다. 물론 사소한 정보까지 일일이 알려줘서 고객을 질리게 만들 필요는 없지만, 고객이 당신에게 전화를 걸어 상황을 물어봐야 할 정도까지 가면 너무 늦은 것이다. 고객에게 가끔 전화를 걸어 상황을 확인해보는 것 정도는 절대 잘못된 일이 아니다.

03

라포를 쌓고 설득력 있는
프레젠테이션을 하라

우리 회사는 홍보 대행사를 찾던 중 이 분야에서 아주 유명한 회사를 초청하여 프레젠테이션을 가졌습니다. 그 회사 직원은 꽤 오랜 시간 동안 자기 회사의 배경과 역량을 강조한 다음에야 비로소 우리 회사를 위한 홍보 작업을 어떻게 할 수 있는지 설명하기 시작했습니다. 하지만 우리는 곧 흥미를 잃었습니다. 프레젠테이션 슬라이드는 그림보다 글이 너무나 많았고, 그 직원은 그저 그 글을 줄줄 읽을 뿐이었으니까요. 게다가 슬라이드에 우리 회사 로고도 틀리게 삽입해놓는 바람에 우리는 거기에 신경이 쓰여 견딜 수가 없었습니다. 그 회사가 우리에게 별로 신경 쓰지 않고 있다는 것을 그대로 보여주는 증거였으니까요.

첫인상이 거래를 성사하거나 깨버리는 경우가 제법 있다. 한 사람을 만나든 수많은 관중을 만나든 철저한 준비가 중요하다. 많은 세일즈맨이 프레젠테이션을 준비하고 만드는 과정을 훈련한다. 그러나 프레젠테이션을 많이 했다고 해서 모두 프레젠테이션 전문가가 되는 것은 아니다. 노련한 세일즈맨이라도 학습을 제대로 하지 않거나 실행계획과 세부사항을 재확인하지 않을 때가 있다. 때로는 고객의 니즈·우선사항·목적을 잘 모르는 직원을 뽑아서 프레젠테이션을 맡기기도 한다.

성공적인 세일즈맨은 다른 사람에게 프레젠테이션을 보여주기 전에 자신이 먼저 비판적으로 검토한다. 이들은 특히 고객이 시간을 낭비하지 않도록 신경을 쓰기 때문에 할당된 시간을 지킨다. 고객과 함께 의제를 미리 검토하고 고객에게 바꾸거나 추가할 것이 있는지 묻는다. 그리고 필요하다면 프레젠테이션 도중에라도 수정사항을 적용할 정도로 융통성이 있다. 무엇보다 최고 세일즈맨은 프레젠테이션을 미리 연습하고 프레젠테이션에 참석할 관객의 우선사항이 무엇인지 파악하고 있다.

1. 고객의 니즈를 반영하라

당신이 의사소통 기술을 아무리 잘 갈고닦았다 하더라도 고객의 니즈를 확실히 이해하고 있다는 것을 명확히 드러내지 않는다면 프레젠테이션은 아무런 성과를 거두지 못할 것이다. 고객은 훌륭한 프레젠테이션 기술을 기대하지만, 그보다 더 중요한 것은 메시지가 올바른 목표를 향하고 있어야 한다는 점이다. 훌륭한 세일즈맨은 프레젠테이션을 준비할 때 듣는 사람 위주의 접근법을 사용한다. 듣는 사람에 맞추어 프레젠테이션을 작성하고, 그들의 각기 다른 니즈를 구체적으로 반영한다.

말하기 전에 고객에게 중요한 사항에 초점을 맞추어야 한다.

프레젠테이션을 작성할 때 당신의 주요 목표는 고객의 문제를 해결하는 방법을 보여주거나 제품의 품질·고객의 만족·시장 점유율에서 고객이 개선할 수 있도록 당신이 어떻게 도울 수 있는지를 증명하는 것이다. 프레젠테이션을 활용해 당신이 어떻게 그런 일을 할 수 있는지를 설명하고, 당신이 말한 것을 실천할 수 있는 세부사항을 제시해야 한다. 그런 프레젠테이션의 개요는 다음과 같다.

· 해결할 문제를 당신이 얼마나 잘 파악하고 있는가?

· 당신의 권고사항이나 솔루션이 고객을 어떻게 도울 것인가?

· 당신 회사 조직의 역량이 고객을 어떻게 도울 것인가?

· 당신의 이행 계획에서 고객은 어떤 혜택을 받을 것인가?

· 유통 일정에 대한 고객의 니즈

· 당신의 서비스 전략

· 고객과 연관 있는 재정적 투자

· 완성 단계까지 걸리는 기간

프레젠테이션을 하는 동안 당신의 제품이나 서비스가 지니는 특징과 혜택이 고객의 비즈니스 문제와 전략적 목표에 어떻게 관련이 있는지를 설명하라. 이는 당신의 제품이나 서비스가 고객의 니즈를 어떻게 충족할 수 있는지를 보여주는 것이다.

· **재정적 니즈.** 당신의 솔루션이 고객의 수익 또는 관리 비용을 어떻게 개선할 수 있는가?

· **성과 니즈.** 당신의 솔루션이 고객의 생산성을 어떻게 유지하거나 개선할 수 있는가?

· **이미지 니즈.** 당신의 솔루션이 고객의 이미지나 고객 회사의 명성을 어떻게 개선할 수 있는가?

프레젠테이션은 명확하고 논리적이며 설득력이 있어야 한다. 이런 프레젠테이션일수록 당신이 고객의 니즈를 얼마나 잘 이해하고 있으며, 고객이 목표를 달성하는 데 얼마나 효과적으로 안내할 수 있는지를 보여준다.

고객은 언제나 당신이 고객을 위해 무엇을 할 수 있는지를 시험한다.

2. 어조를 신중하게 선택하라

듣는 사람에게 친숙하며 이해와 관심을 높일 수 있는 말을 사용하는 것이 중요하다. 이를 위해서는 다음을 따른다.

· 기술적인 전문용어는 피한다.

· 듣는 사람의 지식과 교양 수준에 맞춘다.

· 감동을 유발하기 위해 복잡한 말을 사용하지 않는다. 그런 말은 듣는 이를 산만하게 할 뿐이다.

· "~라는 점을 고려해보건대"나 "작금의 시점에서 미루어 볼 때"와 같이 길고 거추장스러운 표현은 피한다.

· 표본 · 일화 · 추천서 · 증거뿐 아니라 시각적 보조도구와 같이 적절한 의사소통 기술을 활용하여 프레젠테이션의 효과를 높인다. 이렇게 하면 당신의 제품이나 서비스에 대한 고객의 이해도를 높일 수 있으며, 고객의 주의를 계속 잡아두는 데에도 도움이 된다.

· 그래프는 간단하고 연관성이 높은 내용으로 작성한다.

· 재무 또는 통계 정보를 보여줄 때는 소위 '데이터 과부하'를 피한다. 프레젠테이션을 듣는 고객이 모든 것을 세세히 알기를 원하는 사람이 아니라면 공연히 복잡한 숫자를 나열하지 않도록 한다.

프레젠테이션을 하는 동안 듣는 사람들이 당신의 아이디어를 이해하고 관심을 보이는지 잘 관찰하라. 그 후에는 "제가 여러분의 기대치를 충족하도록 했습니까?", "우리가 합의한 의제가 프레젠테이션에 모두 나왔습니까?", "질문이나 관심사에 제가 효과적으로 응답했습니까?"와 같은 질문을 던져 프레젠테이션이 얼마나 잘되었는지를 판단하라. 한 세일즈맨은 다음과 같이 말했다.

"저는 이 제품이 어떤 효과를 발휘할지 명확히 밝혔지만, 명백하지 않은 점이 있다면 그것은 저의 잘못이겠지요. 그런 문제에 대해서는 다시 세세히 검토해보자고 제안할 수도 있습니다."

이렇게 말하면 고객이 거부감을 느끼지 않는다.

세일즈맨은 고객이 무엇을 요구하는지를 이해하고 나면 일괄적인 안을 제시하는 데 능숙하게 임해야 한다.

3. 연습, 연습, 오로지 연습하라

유용한 정보를 제공하고 설득력이 있는 프레젠테이션을 하려면 미리 연습을 해야 한다. 방해받지 않는 곳을 골라 동료, 친구, 가족 또는 거울 앞에서 연습을 해본다. 무엇보다도 할당받은 시간을 초과하지 않도록 신경을 쓴다. 연습할 때 명심해야 할 기법은 다음과 같다.

• 시선을 마주쳐라. 듣는 이와 라포를 형성하는 가장 좋은 방법은 상대의 눈을 똑바로 바라보는 것이다. 프레젠테이션을 가장 잘 듣고 있

는 사람들에게 먼저 집중한 다음 차츰 다른 사람들에게로 시선을 옮긴다.

• 자신의 보디랭귀지를 잘 살펴라. 한곳에만 서 있을 필요는 없다. 걸어 다니면서 말하는 것이 편하다면 그렇게 하라. 듣는 이의 주의력을 흐트러뜨릴 수 있는 의미 없는 몸짓이나 불안한 버릇은 피하라.

• 또렷하게 말하라. 익숙하지 않은 단어는 사용하지 말고, "음…", "그러니까…"와 같이 질질 끄는 표현은 피하라. 틀린 발음이나 머뭇거리는 말투는 좋지 않은 인상을 준다.

• 미소를 지어라. 따뜻한 미소는 듣는 이를 편안하게 만들고 당신의 프로젝트에 자신감을 부여한다. 하지만 억지로 유쾌한 척 하면 듣는 사람들은 흥미를 잃기 쉽다. 또한 지나치게 진지하면 유머 감각이 없거나 신경이 날카로운 사람으로 비칠 수 있다.

• 무엇을 말하고 있는지 생각하라. 당연한 소리 같지만, 프레젠테이션을 하는 사람은 종종 자기가 상대의 눈에 어떻게 보일지 또는 어떻게 들릴지에 대해서만 생각하게 된다. 내 메시지가 어떻게 전달되고 있을지(상대에게 어떻게 보일까, 내 목소리가 어떻게 들릴까 등), 무엇을 말하고 있는지를 동시에 생각할 수는 없다. 프레젠테이션 기술을 연습하되 진짜 프레젠테이션을 할 때는 전달하려는 메시지에 집중해야 한다.

너무 많은 정보를 퍼부어서 듣는 사람을 질리게 해서는 안 된다. 우리가 아는 한 세일즈맨은 다양한 프레젠테이션을 위해 슬라이드 36장을 만들었다. 그리고 그 슬라이드들이 너무나 훌륭하기 때문에 고객 한 명―회사 사장―에게 하는 프레젠테이션에 36장 모두를 사용하기로 결정했다. 프레젠테이션은 두 시간 반이 지나서야 끝났다. 그러나 사장에게 피드백을 요청했을 때 그 세일즈맨은 당황하고 말았다. 사장이 다음과 같이 간단명료하게 대꾸했던 것이다. "다음번에는 슬라이드를 좀 줄여주시죠."

프레젠테이션을 달달 외우고 리허설을 지나치게 하는 것 역시 피해야 한다. 대본을 달달 외워서 그대로 읊는 것은 무미건조하게 들리며, 지나치게 연습한 티가 나는 몸짓은 기계적으로 보일 수 있다. 가장 좋은 접근법은 '자연스럽게 행동하는' 것이다. 당신의 회사와 제품을 진정으로 믿는다면 진정성과 자연스러운 열정이 고객에게 전달될 것이며, 전달하려는 내용을 강력하게 뒷받침해줄 것이다.

듣는 사람이 던질지도 모르는 질문에 대한 대답을 준비한다.

잘못될지도 모르는 가능성을 빈틈없이 예상하고 대비하라. 프레젠테이션을 하기 직전에 사용할 장비와 시각적 보조도구를 점검하라. 모든 것이 제대로 작동하는지 확인하고 대비책을 세워둔다. 여분의 CD나 디스크를 가져오고 여분의 출력물을 준비한다. 예상치 못한 일은 언제나 생길 수 있으므로 그에 대한 대비를 항상 해두는 것이 좋다.

4. 또 다른 기법

• **올바른 프레젠테이션 전략을 선택하라.** 프레젠테이션을 듣는 사람은 저마다 다른 반응을 보인다. 어떤 고객에게는 잘 먹혔던 방법이 어떤 고객에게는 먹히지 않을 수도 있다. 각각의 고객에게 효과적이고 긍정적인 반응을 끌어낼 수 있는 프레젠테이션 전략을 골라야 한다. 예를 들어 부서 전체를 대상으로 프레젠테이션을 할 때는 시각적인 효과를 많이 사용하는 방법이 좋을 수 있다. 그러나 소수의 의사 결정자에게는 더욱 사적이고 교류를 강조하는 방법이 통할 수 있다. 또 간부급 사람들에게 프레젠테이션을 할 때는 전략적이고 큰 그림을 그리는 이슈에 집중해야 한다.

• **창의적으로 준비하라.** 당신은 고객이 누구든 간에 호감이 가고 설득력이 뛰어난 프레젠테이션을 하고 싶을 것이다. 그렇다면 상상력을 활용하라! 시각적 도구와 인쇄물에 색깔을 넣고 흥미진진한 내용으로 구성하라. 수사의문문을 넣어 당신의 말을 드라마처럼 극적으로 만들고 듣는 이가 반응하게 하라. 잘 알려진 말을 인용하거나 업계에서 존중받는 사례를 인용해 신뢰도를 높이고 당신의 말이 듣는 이의 기억에 박히게 하라.

핵심은 태도다. 여러 가지 다양한 기술은 습득하고 개발할 수 있지만, 올바른 태도는 처음부터 한결같이 습득하고 있어야 한다.

• **유머는 신중하게 사용하라.** 유머는 딱딱한 분위기를 깨는 데 효과적이고, 듣는 사람들을 편안하게 만들어주며, 메시지가 더 잘 전달되도록 한다. 하지만 그 상황에 적절한지 확인해야 한다. 인종차별이나 성차별이 될 수 있는 농담은 삼가라. 민감한 사회적 이슈나 점잖지 못한 소재는 피하라. 길게 이야기를 해야 하는 농담도 되도록 피해야 한다. 초조해지면 웃음을 끌어낼 수 있는 결정적인 대목을 잊어버리는 바람에 짧은 농담으로 실수했을 때보다 더 어색한 분위기가 될 수 있기 때문이다.

• **새로운 것을 제시하라.** 고객의 업계나 경쟁업체 또는 일반적인 시장에서 활용할 수 있는 새로운 지식이나 정보를 제시해 프레젠테이션에 참석한 사람들이 유익한 시간이었다고 생각하도록 하라. 그렇게 되면 설령 그들이 당신의 권고사항을 받아들이지 않기로 결정한다 하더라도 당신을 비즈니스 전문가로 높이 평가할 것이다. 그리고 다음번에는 당신을 비즈니스 파트너로 고려할 가능성이 높다. 어느 고객은 이에 대해 "저는 세일즈맨이 판매에 관여하는 전문 비즈니스맨이기를 바랍니다"라고 적절히 요약한 바 있다.

• **분위기를 조정하라.** 프레젠테이션 분위기가 좋지 않으면 조명을 켜고 분위기를 바꿔라. 고객이 어느 시점에서 논의를 시작하고 싶어 하는지 주목하라. 무엇보다도 포기하지 말고, 수동적인 태도를 취하지 말고, 유머 감각을 잃지 마라. 프레젠테이션 경험이 많은 사람도 잘 안

되는 날이 있고 실수를 할 수 있다. 마지막으로 우리는 그저 다른 사람과 비즈니스를 하는 평범한 사람임을 명심하라.

최고 세일즈맨은 좋은 태도를 지니고 있다. 언제나 열정이 넘치며, 상황을 잘 판단하고 문제를 기회로 바꾸는 능력이 뛰어나다.

성공적인 세일즈 전화하기

01. 올바른 시작을 하라

1. 당신의 의제를 제시하라 | 2. 귀 기울여 듣고 있는가? | 3. 이해를 위해 귀를 기울여라 | 4. 또 다른 기법

02. 니즈와 목표를 찾아라

1. 모든 니즈를 파악하라 | 2. 니즈를 탐색하라 | 3. 이해하고 있음을 표현하라 | 4. 또 다른 기법

03. 이익을 논의하라

1. 알아듣기 쉬운 말로 하라 | 2. 마구잡이로 권유하지 마라 | 3. 효과적인 솔루션을 전달하라 | 4. 또 다른 기법

04. 세일즈를 완료하라

1. 전화 목표를 설정하라 | 2. 언제 완료해야 할지를 알라 | 3. 어떻게 종료해야 할지를 알라 | 4. 다음 단계를 설명하라 | 5. 또 다른 기법

성공적인 세일즈 전화하기

성공적인 세일즈 전화를 하기 위해 필요한 기술을 잘 연마하고 강화하면 그 효과는 큰 성과로 돌아온다. 성공적인 세일즈맨은 올바른 기술을 활용하여 비즈니스를 성공으로 이끈다. 그들은 거래고객과 가망고객을 분석하고, 세일즈 주기 다음 단계로 전진할 수 있는 전략을 만들고, 세일즈 과정의 모든 측면을 관리할 줄 안다. 기술이 뛰어난 세일즈맨은 끝없이 관찰하고 대화하며 상황을 평가한다. 고객을 세일즈 과정의 중심으로 활용하며, 그들의 니즈 충족을 세일즈 교류의 주된 목적으로 삼는다.

좋은 기술을 갖추고 있으면 당신과 고객의 시간을 최대로 활용할 수 있을 뿐만 아니라 유용한 정보를 전달하고 당신과 고객 상호 간에 이익이 되는 결정으로 이끌 수 있다. 또한 굳건하고 장기적인 비즈니스 관계를 형성하는 데도 도움이 된다. 올바른 기술이 있으면 고객과 열린 주고받기가 쉬워지며, 세일즈 전 과정에서 이해와 합의를 잘 끌어낼 수 있다. 그런 기술에서 얻을 수 있는 것은 다음과 같다.

· 세일즈 전화를 긍정적인 분위기로 시작할 수 있다.

· 전화의 목적을 명확히 설정할 수 있다.

· 긍정적인 분위기를 만들어 고객과 자유롭게 이야기할 수 있다.

· 제품이나 서비스에 대해 고객에게 유용한 방식으로 토의할 수 있다.

· 고객의 관심사에 효과적으로 대응할 수 있다.

· 명확하고 적절한 약속으로 세일즈 전화를 끝맺을 수 있다.

진짜 문제는 (제품 또는 서비스의 적용을 포함하여) 제품 지식과 판매 기술을 어떻게 적절하게 혼합하느냐다. 이 두 가지가 적절하게 균형을 이루었을 때 성공할 수 있다. 좋은 판매 기술이 있으면 고객을 잘 알 수 있고 고객의 니즈를 더 명확히 이해할 수 있다. 그렇게 되면 고객 문제에 적합한 솔루션을 제시할 수 있다.

최고 세일즈맨은 고객의 비즈니스를 취합하고, 파악하고, 분석하는 능력이 있다. 이런 세일즈맨은 고객에 대한 정보를 많이 갖추고 있으며 쉽게 거래를 성사시킨다.

·01·

올바른 시작을 하라

그 세일즈맨은 오로지 자기 회사의 역량을 설명하겠다는 목적만 가지고 우리 회사로 왔더군요. "어디에서 시연을 보여드릴 수 있을까요? 선생님 컴퓨터를 좀 써도 될까요?"라며 저에 대해서, 저에게 필요한 니즈에 대해서, 심지어 우리 프로젝트의 목적에 대해서는 전혀 묻지도 않고 말입니다. 그는 그저 자기 제품을 멋들어지게 시연해보는 것에만 관심이 있었어요.

최고 세일즈맨은 세일즈 전화를 어떻게 시작해야 할지 잘 알고 있다. 또한 어디서 말을 멈추어야 할지도 잘 알고 있다. 세일즈 교류를 위한 단계를 형성하는 것도 중요하지만, 고객이 보내는 단서와 반응에 귀를 기울이는 것도 중요하다. 세일즈 전화를 시작할 때 중요한 것은 편안한 분위기를 만드는 것이다. 고객의 말에 귀를 기울이면서 통화 전체를 개방적인 분위기로 만들어야 서로 편안하게 정보를 교환할 수 있다.

1. 당신의 의제를 제시하라

고객과 안부 인사를 나눈 다음에는 대체로 라포를 형성하기 위한 가벼운 대화를 나누고 특별한 주제 없이 잡담을 하게 된다. 이런 대화는 가능한 한 너무 길게 끌지 말고 비즈니스나 회의를 하기 위한 사항에 집중해야 한다. 그렇다면 잡담은 어느 정도 길게 해야 할까? 상황에 따라 다르겠지만 최고 세일즈맨들은 대화가 늘어져서는 안 된다고 조언한다. 고객이 시간 낭비를 하고 있다는 생각을 하게 만들어서는 안 된다.

의제를 설정하고 그것을 고객에게 제시하라. 의제의 각 부분에 가치를 부여하고 있다는 것을 명확히 밝혀라. 물론 생각만큼 고객에게 명확히 와 닿지 않을 수도 있다. 그럴 때는 고객이 의제에 동의하고 있는지를 확인하고 덧붙일 사항은 없는지 항상 물어보아야 한다.

비즈니스 대화를 시작하는 첫 문장은 내 의제를 제시하는 것이다. 그때는 고객에게 친숙한 이벤트나 아이디어와 연관 짓는 것이 좋다.

2. 귀 기울여 듣고 있는가?

효과적으로 듣는 것은 능동적인 행위다. 이는 성공적인 세일즈맨에게 매우 중요한 기술이다. 자신은 입을 다물고 고객이 말을 하도록 해야 하는데, 이것은 어려운 기술이다. 그렇더라도 만남을 시작하는 순간부터 귀를 기울여야만 고객을 잘 파악할 수 있다.

좋은 청자는 사실뿐 아니라 그 뒤에 숨은 의미와 느낌도 들을 수 있어야 한다. 한 고객은 우리에게 말을 절대 멈추지 않는 세일즈맨의 이야기를 들려주었다. 그의 입을 다물게 하는 것은 마치 달리는 기차를 멈추게 하는 느낌이었다고 했다. 그 고객은 얼마 후부터는 그의 말을 더 이상 듣지 않고 어떻게 하면 사무실에서 정중히 쫓아낼 수 있을까만 생각하게 되었다고 한다.

능동적인 듣기란 관련 정보를 취합하고 마음속으로 요약하여 당신과 고객이 함께 건전한 비즈니스 결정을 내릴 수 있도록 하는 것이다.

최고 세일즈맨은 고객이 말하는 것을 단순히 듣기만 하는 것이 아니라 '능동적으로' 듣는다. 능동적인 듣기란 그저 기계적인 생리학적 반응이 아니다. 고객의 말에 귀를 기울이고 고객을 파악하는 데 방해가 되는 모든 장애물을 극복하기 위한 정신적 노력이다.

귀 기울여 듣기 위해서는 집중을 방해하는 외부 장애물, 즉 전화벨 소리, 다른 직원들의 잡담, 대화에 끼어드는 사람들을 모두 극복해야 한다. 하지만 이보다 중요한 것이 내부에 있는 장애물을 제거하는 것이다. 내부 장애물은 편견, 고객에 대한 섣부른 가정, 당신이 이해하지 못하는 전문용어·용모·옷차림·말하는 방식을 보고 내리는 판단 등을 포함한다.

능동적인 청자가 되기 위해서는 고객에 대한 모든 선입관과 편견을 내려놓아야 한다. 고객에 대한 개인적인 감정에 영향을 받아서는 안 되고, 고객의 니즈가 특정 프로필에 잘 맞을 거라는 지레짐작도 금물이다. 예를 들어 고객 중 두 명이 같은 업계에 속해 있다는 이유만으로 그들의 전략적 니즈나 비즈니스 목표가 동일하다는 의미는 아닌 것이다.

능동적으로 듣지 못하면 고객의 니즈나 목표를 그릇되게 가정하고 고객의 우선적이지 않은 이슈에 집중할 수 있다. 그럴 경우 시간을 낭비하고 고객과 상호 이익이 되지 않는 권고사항을 조언할 위험이 있다.

최고 세일즈맨은 고객이 중요하다고 느끼는 것에 집중한다. 고객의 말에 귀를 기울이지 않으면 고객에게 무엇이 필요한지 알 수가 없다. 최고 세일즈맨은 고객이 필요하다고 생각하는 것을 팔려고 한다.

3. 이해를 위해 귀를 기울여라

제품이나 서비스에 대한 정보를 고객과 공유하는 것은 적절한 일이다. 하지만 그에 앞서 고객에게 무엇이 중요한지, 고객의 니즈가 무엇인지, 당신이 어떻게 고객을 도울 수 있는지를 파악하기 위해 귀를 기울여야 한다. 그러기 위해서는 고객의 니즈가 드러나는 단서를 놓치지 않고 주의해서 들어야 한다. 그 단서에는 다음과 같은 것이 있다.

· 내가 원하는 것은…, 내가 필요로 하는 것은…, 내가 바라는 것은…
· 우리한테 중요한 것이 뭐냐면…
· 우리 목표는…
· 우리가 찾고 있는 것은…

고객이 문제나 니즈를 표현하고 있다는 느낌이 들면 당신이 들었던 말을 고객이 한 말 그대로가 아니라 당신이 이해한 대로 다시 표현하여 정확한지 확인한다. 고객이 말을 하는 동안에 섣부른 판단을 해서는 안 된다. 나중에 그 정보를 판단하고, 고객을 어떻게 도울 수 있는지를 분석할 때 활용하라.

또한 말을 하는 동안 고객이 느끼는 바를 드러내는 비언어 단서도 놓쳐서는 안 된다. 고객의 목소리 톤과 특징, 침묵을 지키거나 말을 도중에 끊는 행위, 고객의 태도와 몸짓 등이 그것이다. 비언어 단서가 말과 상반되는 것처럼 보이면 고객의 말이 정말로 뜻하는 바를 명확히 밝혀내야 한다.

고객의 말에 귀를 기울일 때는 고객의 니즈를 명확하고 정확하며 온전한 그림으로 그려내는 것을 목표로 한다.

능동적인 듣기를 하면 고객이 말을 계속하게 되므로 효과적인 탐색을 포함하여 열린 대화를 위한 단계를 형성할 수 있다. 즉 세일즈가 진전되는 기초공사가 되는 것이다. 게다가 보너스도 있다. 고객은 더욱 협조적이 되고, 당신의 말에도 귀를 기울일 가능성이 높아진다.

다음에 무슨 말을 할 것인지 그리고 어떻게 반응할 것인지만 생각하느라 정신없는 세일즈맨은 고객이 보내는 단서를 놓치기 쉽고 대화의 주제에서 벗어날 수도 있다. 탐색을 하거나 확인하는 표현으로 고객의 말을 이해했는지 확인하는 것이 중요하다. 예를 들어 "그러니까 요약하자면 선생님이 하신 말씀은…"과 같은 표현을 쓰는 것이다.

고객의 말을 단 한 번 잘못 들은 것으로 세일즈 거래 전체를 놓칠 수도 있다. 우리의 고객이던 한 은행 지점장은 고객이 중시하는 단기 니즈를 알아채지 못해 융자 대출을 놓친 경험이 있다고 말했다. "그분이 7천 달러짜리 이자 급부를 원한다고 말씀하시기에 저는 그 목표를 달성할 수 있는 3년짜리 계획을 마련했지요. 하지만 저는 그 고객이 그 돈을 당장 원한다는 것을 파악하지 못했습니다. 그 고객은 다른 은행을 찾아가버렸지요."

능동적 듣기를 하면 고객의 신뢰와 존중을 얻을 수 있다. 그러면 고객의 니즈를 명확하고 온전하게 파악할 수 있는 질문을 자연스럽게 할 수 있는 관계가 된다. 또한 세일즈 과정의 다음 단계를 위한 분위기가 형성되어 질문으로 얻은 정보를 활용할 방법도 찾을 수 있다.

세일즈맨은 언제나 자신의 제품을 잘 알고 있어야 한다. 그런데 고객의 목표를 잘 알아야 한다는 사실이 최근 들어 명확해졌다. 이제 세일즈맨은 자신의 제품이 고객의 특정 니즈를 어떻게 충족할 수 있는지를 알아야 한다.

4. 또 다른 기법

• **들을 준비를 갖춰라.** 최고 세일즈맨의 충고에 따르면 100퍼센트 귀를 기울이지 못하게 하는 신체적·정신적 피로감이나 불안감 등은 능동적 듣기를 방해하는 장애물이다. 그러므로 다양한 정신운동으로 제대로 경청하기 위한 최상의 상태를 유지하려고 애써야 한다. 예를 들어 고객이 말한 것을 그대로 상사에게 보고해야 한다고 상상하거나 자동차 경주에 참가하여 외부 단서에 즉각 반응해야 하는 상황에 처해 있다고 가정하는 것이다.

• **고객에게 흥미를 주는 것이 아니라 고객에게 흥미를 가져라.** 정보를 쏟아 붓거나 고객의 니즈를 넘겨짚거나 대화를 주도하여 고객에게 강한 인상을 심어주려는 세일즈맨이 너무나 많다. 하지만 그보다는 고객을 배려하는 태도가 훨씬 더 좋은 방법이다. 고객이 말하는 것에 흥미를 갖고 있음을 보여줘라. 고객의 말을 다른 말로 반복해 표현한다거나 관련 있는 질문을 한다거나 고객이 대화의 길이와 속도를 조절하도록 맡긴다거나 하는 방식으로 말이다.

• **귀를 기울이고 있다는 자세를 보여라.** 귀를 기울여 듣기 위해서는 자기 훈련과 집중력이 필요한데, 능동적인 자세를 취하면 도움이 된다. 의자에 앉은 채 상체를 내밀고 고개를 자주 끄덕여 고객의 말을 이해하고 있음을 보여주고, 고객이 말을 할 때 눈을 똑바로 바라보아라. 자세를 바르게 하고 귀를 기울여 듣고 있다는 태도를 취하면 정말로 능동적인 청자가 될 가능성이 높아진다.

• **메모를 하라.** 거래 분석에 가장 좋은 시간은 회의가 끝난 직후다. 분석에 필요한 사실을 모두 얻으려면 고객이 말하는 동안 메모를 하라. 핵심 단어나 아이디어, 중요한 것으로 판단하는 고객의 인상을 모두 적는다. 예산이나 고객이 말로 표현한 니즈와 같은 중요한 사실을 모두 적어라. 고객이 신경을 쓰는 사실과 마찬가지로 중요하지 않은 사실도 모두 적는다. 전화를 하고 난 직후 메모를 검토하고, 어떤 상황이 벌어졌으며 왜 그렇게 되었는지에 대한 인상을 덧붙인다. 어떤 말이 오갔는지를 곱씹어볼 때는 동료 또는 상사와 함께 핵심 이슈를 검토해보는 것이 좋다.

02

니즈와 목표를 찾아라

아내와 함께 피아노를 사러 갔는데, 그 상점의 세일즈맨이 인사를 하자마자 특정 모델 하나만 붙들고 이런저런 설명을 늘어놓더군요. 심지어 우리가 왜 그 상점에 왔으며 어떤 피아노를 원하는지 물어보지도 않아 짜증이 났습니다. 고객의 기본적인 니즈를 찾아내겠다는 게 아니라 아예 처음부터 제품을 팔아먹겠다는 심보만 있었어요. 저와 아내는 설명을 듣는 것이 짜증나서 그 상점에서 나가야겠다고 마음먹었습니다.

오늘날 판매 기술은 거래를 완수하는 것이 아니라 사실을 취합하는 것이다.

세일즈맨은 제품으로 솔루션을 제시하기 전에 고객과 고객의 비즈니스, 전략적 목표에 대해 알아야 한다. 고객이 그리는 큰 그림을 파악하면 잘못된 가정을 내리는 일을 피할 수 있다. 그렇게 되면 고객 니즈와 제품이나 서비스를 이어주는 다리를 놓을 수 있다.

고객으로 하여금 진정으로 원하는 니즈를 파악하도록 하려면 세일즈맨의 안내가 필요한 경우가 많다. 그것은 고객이 진정으로 원하는 것을 효과적으로 탐색하고 세일즈맨으로서 당신의 가치를 보여줌으로써 가능하다.

고객은 자신이 원하는 것을 세일즈맨이 대놓고 묻는 것을 좋아하지 않는다. 당신과 고객 양쪽이 인정하는 니즈를 형성하는 질문을 하라. 필요하다면 고객 니즈를 탐색할 수 있도록 허락을 구한 다음 당신이 그런 정보를 왜 알아야 하는지를 고객에게 설명한다. 질문 세례를 퍼부어 고객을 심문하는 것은 절대 금물이다. 사생활을 파고들거나 지나치게 앞서나가는 질문도 해서는 안 된다.

세일즈 교류 중에 때에 따라서는 당신의 제품이나 서비스가 고객의 구체적 니즈를 어떻게 해결할 수 있는지에 대해 토의를 해도 좋다. 이때 고객과 당신의 비즈니스 양쪽을 이롭게 하는 부분에 집중해야 한다. 최고 세일즈맨은 고객으로 하여금 '나를 가장 중요한 고객으로 생각하는구나!' 라는 인상을 받게 만든다.

1. 모든 니즈를 파악하라

고객의 니즈를 모두 파악하면 고객을 진정으로 도울 수 있는 포괄적이고 장기적인 솔루션을 더 잘 제시할 수 있다. 고객의 니즈를 효과적으로 처리하면 신뢰와 존중을 얻을 뿐만 아니라 새로운 판매 기회를 찾을 가능성도 높아진다.

고객의 니즈를 찾아내는 가장 좋은 방법은 효과적인 면담이다. 이는 고객과 처음으로 라포를 형성하여 고객이 비즈니스 정보를 밝혀도 괜찮다고 생각해야 가능하다. 세일즈맨이 올바른 질문을 한다면 대화의 방향을 고객의 우선사항과 흥미에 집중하도록 이끌 수 있다. 또한 제품이나 서비스, 공급업체에 대한 고객의 만족 수준을 설정하거나 고객 자신도 미처 알아차리지 못한 니즈를 확인하도록 도울 수 있다.

다음은 이런 일이 가능하게 되었던 예다.

버지니아 주에서 퇴직자 커뮤니티를 관리하는 한 회사에서 대규모 헬스케어 보험사의 세일즈맨에게 추가적인 정신건강 프로그램에 대한 프레젠테이션을 요청했다. 그런데 이 회사가 처음부터 기본적인 보장계획에 관심이 없다고 분명히 밝혔음에도 불구하고 그 세일즈맨은 결국 건강관리에 관한 일괄 거래상품에다가 정신건강 부분을 덧

붙여 계약을 성사시켰다. 이 세일즈맨은 어떻게 이런 일을 해냈을까? 그것은 그가 프리미엄 등급 회원을 대상으로 한 설문 조사에서 이용률 변화에 대한 질문을 던진 결과, 그 회사가 기존의 보장계획에 불만이 많다는 것을 파악하고, 비용 대비 더 효율적인 상품으로 대체하여 구성원들에게 더 많은 것을 제공하고 싶다는 니즈가 있음을 찾아냈기 때문이다.

고객은 세일즈맨이 자신의 말에 귀를 기울이고 자신의 니즈를 거의 즉각적으로 파악하기를 기대한다.

고객과 면담을 할 때는 고객과 당신 양쪽이 명확하고 온전하게 고객의 니즈를 이해하는 데 도움이 되는 질문을 한다.

· '명확한' 이해란 고객이 원하는 니즈와 그것이 왜 중요한지를 당신이 정확히 알고 있다는 뜻이다.
· '온전한' 이해란 고객의 니즈를 모두 알고 있고, 중요성의 순위가 어떻게 되는지도 알고 있다는 뜻이다.
· '양쪽이' 이해한다는 것은 고객의 니즈에 대해 당신과 고객 모두가 동일하게 파악하고 있다는 것을 의미한다.

효과적인 면담은 기회와 니즈를 구분할 수 있게 해준다. 기회는 고객이 갖는 불만족일 수도 있고, 회사에 대한 새로운 방향일 수도 있다.

니즈란 당신이 도울 수 있는 명확한 욕구다. 니즈를 파악하고 나면 자신을 고객을 위한 자원으로 설정할 수 있다. 즉, 독점적 솔루션을 제시할 수 있는 협력자가 되는 것이다.

2. 니즈를 탐색하라

성공적인 세일즈맨은 고객의 태도에서 고객의 니즈를 온전히 파악해낸다. 효과적인 탐색은 고객을 대화로 끌어들이고 열린 대화를 촉진한다.

최고 세일즈맨은 고객이 사생활 침해나 공격적이라는 느낌을 받지 않고 대답할 수 있는 훌륭한 탐색 질문과 올바른 추후 질문을 던질 줄 안다.

고객의 니즈를 명확히 파악하려면 정보를 취합하는 구조화한 접근법을 가져야 한다. 그래야만 면담을 하는 과정에서 '개방형 탐색'과 '폐쇄형 탐색'이 모두 가능하다.

• '개방형 탐색'이란 고객에게서 필요한 정보를 끌어내는 것이다. "어떻게요?", "왜 그렇습니까?", "좀 더 자세히 말씀해주시겠습니까?"와 같이 자유로운 응답을 끌어내는 표현으로 시작한다.

• '폐쇄형 탐색'이란 세일즈맨이 이해와 결론을 확인하는 것이다. "~하십니까?", "~는 어떠십니까?", "얼마나 많이…", "~는 사실입니까?"와 같이 응답을 제한하는 표현으로 시작한다.

두 가지 탐색을 함께 병행하면 전략과 비즈니스 목표, 문화와 관리 과정, 난제와 기회 같은 고객사에 대한 정보를 알아낼 수 있다. 효과적으로 탐색하면 다음과 같은 정보를 얻을 수 있다.

• 가치 있는 배경 정보. 이 회사는 무엇을 만들거나 파는가? 이 회사가 마케팅을 하는 고객층은 누구인가? 이 회사의 주된 경쟁업체는 어디인가?

• 고객에게 니즈가 필요한 이유. 그 고객이 당신과 만나게 된 배경은 무엇인가? 고객은 무엇을 성취하거나 개선하기를 원하는가? 고객의 비즈니스 목표는 무엇인가?

• 고객의 고객은 누구인가. 당신의 고객이 만족을 주어야 하는 내부 고객은 누구인가? 그 사람들은 고객의 회사 조직에서 어떤 역할을 하는가? 그 막후의 사람들의 니즈는 무엇인가?

• 니즈 뒤에 숨은 니즈. 고객이 표현한 니즈가 기반을 두고 있는 더 크거나 더 기본적인 니즈는 무엇인가? 고객이 표현한 니즈 이면의 전략

적 니즈는 무엇인가?

개방형 질문은 많은 정보를 끌어내기 위함이고, 폐쇄형 질문은 세부사항을 확인하기 위한 것이다.

• 고객의 니즈가 어떻게 바뀌는가. 고객의 비즈니스가 최근 몇 년간 어떻게 바뀌었는가? 고객이 활동하게 될 새로운 시장은 무엇인가? 고객이 직면한 새로운 경쟁업체는 어디인가?

개방형 탐색과 폐쇄형 탐색 중 어느 한쪽으로 지나치게 치우쳐 사용하지 않도록 주의해야 한다. 개방형 탐색만 사용하면 대화는 집중력이나 방향을 잃을 수 있다. 또 폐쇄형 탐색만을 사용하면 고객은 마치 심문을 당하는 듯한 느낌이 들어 중요한 정보를 당신에게 알려주지 않을 수 있다.

3. 이해하고 있음을 표현하라

고객과 교류하며 취합한 정보를 명확히 밝혀서 당신이 그 정보를 이해하고 있다는 사실을 드러내야 한다. 당신이 고객의 니즈와 목표를 파악했다는 사실을 고객이 알도록 해야 하는 것이다. 당신이 이해하고 파악한 사실을 다른 말로 바꾸어 표현하는 것으로 시작해보라.

고객의 니즈와 상황은 자꾸 바뀌게 마련이다. 세일즈맨은 끊임없이 이를 파악해야 한다. 고객의 상황과 니즈가 언제나 같을 것이라고 가정해서는 안 된다.

당신이 이해했다는 것을 고객이 확인하면 당신과 고객은 상호 이해에 도달하게 된다. 그러면 판매 과정의 다음 단계로 나아갈 수 있다. 또한 설령 고객이 니즈를 표현하지 않았다 해도 고객이 실제로 니즈를 가지고 있는 것을 확신할 수 있다.

세일즈 전화의 마무리에 고객이 무엇을 말했는지 요약하여 당신과 고객이 같은 생각을 가지고 있음을 확인하라. 최고 세일즈맨은 고객에게 질문을 하여 자신이 이해하고 있음을 확인하는 과정을 계속한다.

이때 명심할 것은 고객은 강요하거나 참견이 많은 세일즈맨을 좋아하지 않는다는 점이다. 그러므로 탐색을 할 때는 조심스럽게 진행하고 고객이 질문을 불편하게 느끼는지 잘 살펴야 한다. 빙 둘러 대답하거나 질문에 질문으로 답하거나 침묵으로 대답한다면 고객이 당신의 질문 공세가 지나치다고 생각한다는 증거다.

4. 또 다른 기법

• **다양한 니즈를 설정하라.** 어떤 고객에게 존재하는 모든 판매 기회를 다 찾아냈다고 확신하기 위해서는 주된 계약에만 한정해서는 안 된

다. 회사 내의 다른 가망고객의 이름을 묻고, 그들과 면담을 약속하고, 그들의 문제를 분석하라. 그들의 목적은 주된 계약의 목적과 어떻게 다른가? 효율·핵심 결과·고객 충성도를 개선하는 데 그들에게는 어떤 문제가 있는가? 당신 회사의 제품이나 서비스가 그들의 니즈를 어떻게 충족할 수 있는가?

• **고객이 말하게 하라.** 고객이 당신에게 마음을 열고 중요한 비즈니스 정보를 알려주도록 만들려면 대화를 계속 이끌어나가야 한다. 그렇게 하려면 고객을 친구나 동료처럼 대하며 편안하고 격식 없는 방식으로 회의를 이끌어야 한다. 한 고객의 말에 따르면 최고 세일즈맨은 세일즈맨이라기보다는 동료 같다는 느낌이 든다고 한다. 그런 세일즈맨과 대화를 나누면 마치 친한 친구와 거실에 앉아서 이야기를 하는 느낌이라는 것이다. 고객이 그런 식으로 느낀다면 중요한 정보를 교환할 가능성이 훨씬 높아진다.

　과거에는 의사 결정자만을 고객으로 생각했지만, 이제는 고객의 회사에 있는 모두를 우리의 고객으로 생각해야 한다.

• **어렵고 기술적인 전문용어를 피하라.** 세일즈맨과 고객 사이의 대화는 세일즈맨이 고객에게 친숙한 용어를 사용할 때 가장 생산성이 높다. 전문용어, 복잡한 어휘, 까다로운 비즈니스 개념으로 고객에게 강한 인상을 주려 하다가는 고객이 방어적인 태도를 취하거나 겁을 먹

을 수 있다. 대화의 기술을 다듬을 때 명확하고 단순한 어휘를 사용하도록 노력하라.

• **좋은 어휘를 선택하라.** 고객에게 당신의 말을 이해시키려면 생각을 명확히 표현해야 한다. 즉, 올바른 어휘를 사용해야 하는 것이다. 당신의 뜻을 제대로 전달할 수 있는 어휘를 선택하여 올바르게 발음하고 문법을 지켜라. 훌륭한 세일즈맨은 고객과 전화하거나 직접 만나서 회의를 할 때 좋은 어휘를 선택한다.

지적 능력이 있음에도 의사소통을 잘 못한다면 사람들은 당신이 하는 말을 이해하지 못할 것이다. 그러면 성공은 꿈도 꿀 수 없다.

03

이익을 논의하라

그 세일즈맨은 이런 종류의 휴대폰이 우리 회사 직원들에게 필요하다고 결정을 내린 모양이더군요. 하지만 그 사람의 말은 명확하지가 않았습니다. 무슨 혜택이 있다고는 하는데 제대로 알아들을 수가 없었고 우리에게 반복적으로 어떤 기능이 필요하다고 말하는데 무슨 말인지 알아들을 수가 없었어요. 우리는 그 사람과 마주 앉아서 대화를 하고 있는데도 불구하고 마치 감이 안 좋은 전화로 이야기를 나누고 있는 듯한 느낌이었습니다.

노련한 세일즈맨은 고객이 자신의 니즈를 어떻게 다루어야 하는지 정보를 제공하여 고객이 스스로 구매 결정을 내리도록 유도한다. 세일즈맨은 고객을 도울 수 있는 방법을 고객에게 알려주고 싶어 하고, 고객 역시 그것을 알고 싶어 한다. 당신의 목표는 당신 회사의 제품과 당신의 회사가 고객의 니즈를 어떻게 충족해줄 것인지 그 구체적인 방식을 고객이 이해할 수 있도록 돕는 것이다.

1. 알아듣기 쉬운 말로 하라

당신이 제품이나 서비스의 특징을 설명하기 위해 사용하는 전문용어를 고객은 이해하지 못할 수도 있다. 또한 이해한다 하더라도 그것이 어떻게 자신에게 이익이 되는지 알아채지 못할 수도 있다. 따라서 특징과 이익 양쪽 면에서 당신이 제시할 수 있는 것을 고객에게 명확히 제시해야 한다. 일반적으로 특징이란 제품이나 회사 조직에 대한 어떤 사실이며, 이익이란 어떤 특징이 고객에게 갖는 가치로 해당 특징이 고객의 니즈를 처리하거나 고객의 환경을 개선하는 특정 방식을 뜻한다.

이익에 대한 설명 없이 제품이나 서비스의 특징만 이야기하면 고객은 당신이 설명한 그 특징이 어떻게 고객의 니즈를 처리할 것인지 이해하지 못할 것이다. 당신 회사의 제품이나 회사 조직의 모든 특징이 고객의 니즈에 적어도 한 가지 이상의 이익이 있음을 명확히 밝혀야 한다.

2. 마구잡이로 권유하지 마라

특징과 이익을 줄줄이 늘어놓는 것만으로는 세일즈가 성사되지 않는다. 고객이 원하지 않거나 관련도 없는 정보를 제시하거나 고객의 니즈에 귀를 기울이지 않게 될 위험이 크다. 그렇게 되면 당신은 고객보다는 세일즈에 관심이 있는 사람으로 비치기 십상이다.

고객의 말에 귀를 기울이고 질문을 하여 집중하고 있음을 명확히 해야만 고객은 당신에게 니즈를 표현할 것이다. 그래야 당신은 고객의 니즈를 정확히 파악할 수 있다. 훌륭한 세일즈맨은 니즈를 이해했다는 것을 인정하고 자신과 고객 사이에 조화로운 감정을 만들어낸다. 예를 들어 "그게 왜 최우선 사항인지 이제 명확히 이해하겠습니다"라고 말해 고객의 니즈를 이해하고 그 중요성을 존중한다는 것을 표현하는 식이다.

3. 효과적인 솔루션을 전달하라

효과적인 솔루션을 전달하여 고객의 니즈를 충족하려면 당신의 제품이나 서비스가 고객에게 어떻게 이익이 될 수 있는지를 명확히 보이고 가치를 제시해야 한다. 고객에게 도움이 되는 특징과 이익을 설명하라. 고객의 해당 니즈를 명확하게 처리하는 특징과 이익에만 집중하여 고객의 말을 귀 기울여 들었으며 이슈를 구체적으로 처리하고 있다는 것을 보여줘라. 그런 다음 당신의 설명에 대한 고객의 반응을 확인하라. 고객은 당신의 설명을 이해하고 당신이 제시한 이익을 받아들이고 나면 다음 단계로 넘어가고 싶어 할 것이다. 언어로 표현한 평가에서 반응을 알 수 없다면 "어떻게 생각하십니까?"라고 묻거나 다른 확인용 질문을 하면 된다.

최고 세일즈맨은 고객의 문제를 파악하고 솔루션을 보여준 다음 우선순위가 높은 니즈와 다시 연결한다.

당신은 고객이 무엇을 원하는지 파악해야 한다. 그러기 위해서는 자신을 고객의 입장에 놓고 생각해야 한다. 왜냐하면 고객은 자신에게 무엇이 필요한지 모르는 경우가 있기 때문이다. 이때 당신에게 필요한 것은 다음과 같다.

• 솔루션을 종합하라. 복잡한 고객의 문제에 대한 솔루션을 개발할 때는 창의적이 되어야 한다. 예를 들어 제품과 서비스를 혼합하면 더 나은 솔루션이 나올 수도 있지 않을까? 또는 다른 공급업체(당신 회사와 경쟁 관계가 아닌)와 힘을 합쳐서 고객의 니즈를 더욱 온전하게 충족할 수도 있지 않을까?

• 필요하다면 조정하고 맞춰라. 모든 고객에게 다 들어맞는 보편적인 제품은 없으며, 한 고객의 모든 니즈를 충족하는 제품도 없다. 가능하

다면 제품이나 서비스를 조정해서 모든 고객의 상황에 맞춰라. 고객은 자신만을 위해 맞춤형 솔루션을 제시하는 공급업체를 선호하는 경향이 있다.

세일즈맨은 문제 상황을 제대로 파악하는 능력을 갖춰야 한다. 그러기 위해서는 자신에게 '이 고객에게 제시할 수 있는 특별한 솔루션은 무엇일까?' 하고 질문을 던져야 한다.

명심할 것은, 특정 고객의 니즈에 맞추어 이익을 조정하면 안정되고 장기적인 관계를 만들어 당신의 회사에 더 큰 이익을 가져다줄 수 있다는 점이다. 또한 당신의 고객에게도 고객을 가장 염두에 두는 신뢰할 만한 공급업체와 일할 수 있는 기회가 된다.

4. 또 다른 기법

• 고객의 마음을 이해하라. 고객의 마음을 더 잘 파악하려면 당신의 회사 조직 내 다른 사람과 역할극을 해보는 것도 좋다. 당신이 고객의 역할을 맡아 세일즈맨이 너무 빨리 '끌어들이려' 할 때 어떤 기분이 드는지 경험해보는 것이다. 또는 동료에게 부탁하여 당신에게 제품이나 서비스를 팔도록 한 다음 왜 구매를 해서는 안 되겠는지 그 이유를 열거해본다.

• 판매와 구매 과정을 조정하라. 최고 세일즈맨은 고객과 연계하는 가장 좋은 방법, 즉 고객이 더 선호하는 구매 방식이 있으리라 믿고 자신의 판매 접근법을 고객에게 맞추려고 노력한다. 예를 들어, 당신은 고객의 니즈를 철저히 파악하고 기술적 전문성을 발휘하여 솔루션을 제시하는 것을 좋아한다 하더라도 당신의 고객은 당신이 알고 있는 정보를 보여주며 고객의 상황을 탐사하는 것과 같이 '권리를 얻는' 방식을 선호할 수도 있다. 명심할 것은, 당신의 판매 방식과 고객의 구매 방식을 서로 조정하지 않는다면 결국 비용만 들고 세일즈는 실패할 수도 있다는 점이다.

• 연습하라. 고객에게 특징을 이익으로 설명할 때 효과를 높이려면 당신의 반응을 고객에게 말로 표현하는 연습을 하라. 특징을 이익으로 바꾸는 방식을 연습하고 고객의 니즈를 충족하는 이익을 능숙하게 문장으로 표현하도록 하라. 고객이 물을지도 모르는 질문을 작성한 다음 그 질문에 대한 대답을 연습하라.

인내심을 가져라. 밀어붙이지 마라. 고객의 니즈를 인정하고, 가치를 설정하고, 이익을 보강하라.

·04·

세일즈를 완료하라

저는 구매할 준비가 되어 있었다고요! 그래서 다음 단계가 뭐냐고 물었는데, 그 세일즈맨은 계속해서 자기 제품의 이익이 무엇이며 그 제품이 바로 저에게 필요한 것이라는 소리를 반복하는 거예요. 제가 알았다고 말했는데도 계속 그러지 뭡니까. 저는 그때부터 딴생각이 들기 시작했어요. 마치 제가 자기 제품을 사지 않기를 바란다는 느낌마저 들었어요. 제가 모르는 뭔가를 그 사람이 알고 있었는지도 모르죠.

훌륭한 세일즈맨은 판매 과정을 즐길 뿐만 아니라 거래를 성사하기 위해 어떻게 다음 단계로 나아가야 할지도 잘 알고 있다. 세일즈 완료는 고객에게서 약속을 끌어내는 기술이다. 이는 성공적인 세일즈맨에게 가장 중요한 기술 가운데 하나다. 또한 그다지 뛰어나지 않은 프레젠테이션을 보완해주기도 한다.

약속을 요청하라. 그런데 간혹 이것을 잊어버리거나 아니면 고객이 세일즈를 완료해주기를 기다리는 세일즈맨이 있다.

세일즈 완료가 세일즈 전화 한 통으로 정해놓은 목표를 달성하는 것인지 여부는 판매 주기의 길이에 달려 있다. 반드시 최종 판매 결정일 필요는 없다. 고객에게 받아내는 약속은 구매 약속일 수도 있고, 그저 중간 과정의 합의, 즉 제안을 검토하겠다든지, 시연에 참가하겠다든지, 앞으로 있을 회의에 다른 의사 결정자가 참여할 것이라든지 정도여도 괜찮다.

약속과 완료는 전화로 고객의 모든 이슈를 효과적으로 처리하고, 고객의 확신을 얻은 후에야 가능하다. 따라서 약속을 요청하기 전에 항상 고객의 해당 이슈 파악 여부를 확인해야 한다. 진도가 너무 빨라서는 안 된다! 너무 공격적으로 밀어붙여 고객에게 세일즈 완료를 강요하지 마라. 제품의 가치 자체 또는 경쟁업체의 제품과 비교해 그 가치가 '뻔할 정도로 명백하게' 우월하다는 것을 강조해서 고객에게 불쾌한 인상을 주는 것도 삼간다. 진도를 너무 빨리 나가면 당신이 고객의 니즈를 이해하고 그것을 충족해줄 거라는 사실을 고객이 의심할 수도 있다.

1. 전화 목표를 설정하라

고객과 세일즈 전화를 할 때마다 세일즈는 앞 단계로 나아가고 최종 세일즈 완료에도 가까워진다. 그러므로 전화를 할 때마다 목표를 설정하여 고객에게서 어떤 종류의 약속을 끌어낼 것인지를 정해야 한다. 그러기 위해서는 단계별로 논리적인 실행 계획을 세워 고객이 편안한 마음으로 최종 약속에 도달하도록 해야 한다. 각 전화의 끝부분에서 고객에게 끌어낼 수 있는 최고 약속을 얻어내도록 한다.

하지만 각 전화마다 주된 목표를 달성하지 못했다고 기가 꺾일 필요는 없다. 대체 목표를 설정하고 그중 한 가지는 달성하도록 노력하라. 세일즈를 이끄는 것은 세일즈 전화가 아니라 고객과의 관계라는 것을 명심하라.

계획은 아주 중요하다. 준비도 없이 우연히 이기는 팀은 없다.

2. 언제 완료해야 할지를 알라

고객에게 약속을 요청하려면 적절한 시기가 있다. 즉 탐색을 잘해냈고, 고객의 니즈에 대한 정보를 잘 교환했으며, 당신의 제품이나 서비스가 그런 니즈를 어떻게 충족할 수 있는지를 잘 보여주었을 경우에만 요청해야 한다. 그렇게 하면 당신은 고객과 해당 세일즈 전화를 어떻게 종료해야 할지, 다음 단계를 어떻게 진행해야 할지 결정을 내릴 준비가 되어 있을 것이다.

최고 세일즈맨은 협상 테이블에 무엇을 가지고 나와야 할지 잘 알고 있다. 또한 상대의 말을 귀 기울여 들음으로써 그것을 언제 내놓아야 할지 파악한다. 세일즈를 완료하는 가장 좋은 시점은 고객이 약속을 할 준비가 되었다는 명백한 신호를 보낼 때이다. 고객의 신호는 다음과 같다.

· 미소, 고개 끄덕임, 기대하는 듯한 눈빛

· 만족했음을 명백히 나타내는 말. "바로 우리가 찾는 그것 같군요."

· 전화를 끝내고 싶음을 드러내는 말. "다음 단계는 뭔가요?", "그럼 이제 어떻게 진행해야 할까요?"

· 납품 시간, 비용, 조건, 상태, 제품 지원에 대해 물어봄

고객이 이런 신호를 보내면 다른 문제를 논하거나 핵심을 놓치지 말고 약속을 요청하라.

3. 어떻게 종료해야 할지를 알라

고객에게 약속해달라고 요청을 할 때가 되었다 싶으면 전화를 종료하라.

- **이제까지 논의한 내용을 요약해서 말한다.** 고객이 이미 인정한 제품이나 서비스의 이익을 요약하고, 그것이 고객의 니즈를 충족할 것이라는 가치를 강조한다.

- **남아 있는 관심사를 점검한다.** 고객의 목표 또는 관심사에 전부 대응했으며, 고객이 당신의 대응에 만족했다는 확신이 들기 전까지 종료해서는 안 된다.

- **약속으로 마무리한다.** "그렇다면 이행의 첫 단계를 시행하고, 석 달 후에 그 결과를 평가하는 것에 합의하신 것으로 알겠습니다"와 같이 고객과 한 약속을 명백히 반영하는 말을 한다.

세일즈를 종료하는 동안 합의에 도달했음을 반영하는 어휘를 사용하라. 의심·주저함·불확실함을 표현하지 말고, 어휘와 행동을 통해 이 관계에 높은 가치를 두고 있음을 보여주어야 한다. 고객에게 미소를 짓거나 악수를 하라. 긍정적이고 확신에 찬 행동은 고객에게서 동일한 태도를 이끌어내고 믿음직하다는 인상을 줄 것이다.

진정한 세일즈맨은 긍정적인 판매 태도를 갖고 있다. 경쟁업체 제품의 부정적인 면을 드러내기보다는 자기 제품의 본질적 장점을 판다.

약속을 이끌어내는 적절한 시기가 언제냐는 질문에 한 세일즈맨은

"언제라고 설명할 수는 없지만, 딱 감이 와요"라고 답했다. 고객에게 결정이나 약속을 끌어낼 수 없다면 결정이나 약속을 할 수 있는 날짜를 끌어내도록 노력하라. 무엇보다도 되었다는 기분이 들지 않는다면 전화를 끝내서는 안 된다. 본능을 믿어라!

세일즈맨은 엄청난 양의 정보를 흡수하고 그것을 행동으로 옮겨 결과를 이끌어내는 역량과 지적 능력을 갖춰야 한다.

4. 다음 단계를 설명하라

약속을 이끌어낸 후에는 다음 단계가 무엇인지 고객과 합의하여 그 약속을 이행할 바탕을 만든다. 이 과정을 통해 당신은 여러 가지 목표를 달성할 수 있다.

· 거래를 진행하기 위해 고객이 무엇을 해야 하는지 이해하도록 할 수 있다.
· 고객과 함께 일하겠다는 헌신을 보여줄 수 있다.
· 해당 약속이 당신과 고객에게 상호 관계가 있다는 것을 강조할 수 있다.

핵심은, 당신과 고객 양쪽이 다음 단계를 분명히 하는 것이다. 상호 관계에 바탕을 둔 관계를 쌓고 있다는 사실을 명심하라. 당신 혼자서 행동을 주도하는 것은 위험하며 궤도를 이탈할 수 있다. 고객에게 계약금 지불이 가능한 계좌를 알려주거나 납품 결제를 확인하거나 상호 합의에 대해 다른 사람들에게 이메일을 보내거나 연수 과정을 마련하거나 하는 것 등이 그런 행동이다.

고객이 약속 이행에 필요한 행동을 할 의사가 있다는 것을 확인하기 위해서는 언제나 고객의 승인을 받아야 한다. 고객이 이행하기에 불합리하거나 불가능한 다음 단계를 제시한다면 다음과 같이 하면 된다.

· 왜 그런 단계를 원하는지 고객에게 설명을 요청한다.
· 그 단계를 이행하는 데 당신이 직면한 어려움이나 문제를 설명한다.
· 고객에게 이익이 되는 다른 단계를 제시하거나 고객이 제시했던 단계를 이행하는 시기나 조건을 수정할 것을 제안한다.

고객에게서 약속을 이끌어내는 일도 어려운 일이지만, 그 뒤에 있는 약속 이행 역시 그에 못지않게 어렵다. 하지만 잘만 하면 장기적인 관계로 이어갈 수도 있다. 당신과 고객이 해당 약속을 잘 지키는지 여부와 돈독한 관계를 위한 당신의 노력이 장기적 관계를 형성하는 데 큰 영향을 미칠 수 있다.

세일즈맨과 고객 사이의 신뢰에 바탕을 둔, 단순히 사고파는 것 이상의 관계를 유지하는 것이 필요하다.

5. 또 다른 기법

• **늘 소개를 부탁하라.** 당신이 고객의 성공을 위해 헌신한다면 고객도 당신의 성공을 위해 노력할 것이다. 고객이 당신을 세일즈맨으로 존중하고 그들을 위한 노력을 인정한다면 제품이나 서비스를 직접 구매하지 않는다 하더라도 다른 비즈니스를 소개해주려고 할 것이다. 한 고객과 판매 주기를 마무리할 때마다 고객의 회사 조직 내 또는 다른 회사에 있는 다른 사람들을 소개해줄 것을 요청하라.

• **판매 후 목록을 만들어라.** 판매 주기를 하나 마무리하고 나면 파일과 고객 정보를 정기적으로 수정한다. 세일즈를 성사했든 아니든 판매 후에는 반드시 목록을 작성하라. 해당 세일즈 과정에서 어떤 일이 있었는지 검토하고(고객이 당신에게 어떻게 반응했는지, 고객이 무엇에 반대했는지, 고객이 어떤 약속을 기꺼이 이행했는지 등), 다르게 행동할 수 있었는지 여부를 분석하라. 어렵거나 복잡했던 세일즈는 동료나 상사에게 부탁해 목록을 같이 작성하라.

• **경험에서 배워라.** 새로운 세일즈나 고객을 대할 때마다 판매 기술을 연습하고 개선할 수 있는 또 다른 기회라고 생각하라. 가능하다면 고객에게 피드백을 요청하라. 그렇게 하면 다음번에는 어떻게 하면 더 잘 할 수 있을지를 판단하는 데 크게 도움이 된다. 계약이나 판매에서 성공했다면 해당 고객에게 왜 구매를 결심하게 되었는지 또는 당신의

판매 스타일의 어디가 마음에 들었는지를 물어보라. 실패했다면 그 이유를 확인하라. 경험에서 배우면 끝없이 자기 개선을 할 수 있으며, 그것이 세일즈 성공 가능성을 한층 높여준다.

세일즈를 더 나은 거래를 위한 가능성으로 바꾸려면 고객에게 소개를 부탁하라. 놓친 세일즈를 새로운 가망고객으로 바꿀 때에도 소개를 부탁하라.

고객의 관심사 다루기

01. 무관심을 극복하라

1. 탐색을 허용해달라고 요청하라 | 2. 고객이 놓치고 있는 것을 볼 수 있게 도와주어라 | 3. 정중함을 유지하라 | 4. 또 다른 기법

02. 이의 제기를 예상하라

1. 이의를 환영하라 | 2. 당신이 귀를 기울이고 있음을 알게 하라 | 3. 탐색하여 명확하게 밝혀라 | 4. 또 다른 기법

03. 오해를 풀어라

1 . 원인을 찾아라 | 2. 우려를 정면으로 다루어라 | 3. 숨은 니즈를 탐색하라 | 4. 또 다른 기법

04. 결점에 대한 지적을 처리하라

1. 결점을 정확히 끄집어내어 따로 떼어내라 | 2. 큰 그림에 초점을 맞추어라 | 3. 결점을 능가하는 장점을 내세워라 | 4. 또 다른 기법

05. 회의주의자를 극복하라

1. 단지 까다로운 고객일 뿐인가? | 2. 회의주의의 원천을 살펴라 | 3. 고객에게 입증하라 | 4. 또 다른 기법

06. 남은 관심사에 대해 협상하라

1. 먼저 조건적 합의에 도달하라 | 2. 대안을 탐구하라 | 3. 양보는 신중하게 고려하라 | 4. 또 다른 기법

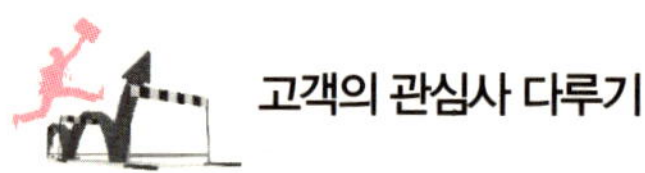 고객의 관심사 다루기

오늘날 고객은 세련되고, 지식이 많으며, 요구사항도 많아졌다는 사실에 반대할 세일즈맨은 거의 없을 것이다. 아울러 이런 현상에 어떻게 대처해야 하는지 그 방법을 아는 세일즈맨 또한 거의 없다.

이에 대한 가장 간단한 해답은 상호 간에 가치가 있는 관계를 쌓도록 계속 노력하는 것이다. 균형이 필요한 관계에서 공급업자의 입장만 고수한다면 아무런 가치를 줄 수 없을 것이다. 제품에 대한 지식은 더 이상 중요하지 않다. 인터넷 사이트나 마케팅 관련 홍보물을 보면 수많은 제품에 대한 정보가 상세하게 나와 있다. 따라서 세일즈맨의 전화를 받는 고객이 해당 제품에 대해 세일즈맨보다 더 자세히 알고 있는 경우도 있다.

관계의 가치가 가장 잘 드러나는 상황 가운데 하나는 세일즈 전화에서 가장 기본적이고 전형적인 요소, 즉 고객의 태도와 관심사를 다룰 때다. 당신과 당신이 팔고자 하는 것에 대한 고객의 태도는 대체로 긍정적·중립적·부정적, 이 세 가지 카테고리 중 하나다. 설령 당신을 자신의 세일즈맨으로 선뜻 받아들이고 당신과 논의할 니즈를 가진 고객이라 할지라도 당신이 제시한 솔루션 또는 당신의 제품이나 서비스의 특정 측면에 만족하지 않을 수도 있다. 이런 고객은 해결해야 하는 다양한 관심사를 표현하여 세일즈 진행을 어렵게 만들기도 한다.

세일즈맨은 고객의 태도가 부정적이거나 중립적이면 수동적이 되거나 기가 꺾이는 경우가 많다. 하지만 자신감을 가져야 한다. 고객이 부정적이거나 무관심을 표현하는 것은 세일즈맨의 역할에서 가치를 제시할 수 있는 기회다. 바로 그것 때문에 당신이 거기 있는 것이고, 고객이 혼자 제품을 알아보고 주문을 하는 대신 세일즈맨을 찾는 것이다.

부정적인 태도는 고객의 진짜 관심사를 반영하지만, 이를 극복하는 것은 쉬운 일이 아니다. 고객이 당신이나 당신 회사와 거래하는 것을 좋아하지 않는다는 의미일 수도 있고, 제품이나 서비스가 니즈를 충족해주지 못한다고 생각하는 것일 수도 있고, 진짜 도움이 될 수 있는지 진지하게 의심하고 있다는 의미일 수도 있다. 고객의 태도가 부정적인 이유는 다음과 같다.

• **당신의 회사 조직과 겪었던 이전의 경험.** 고객이 과거에 당신의 회사 조직에 있던 다른 세일즈맨이나 고객 서비스 담당 직원에게서 좋지 않은 경험을 겪었을지도 모른다. 그런 경험이 고객의 현재 태도에 영향을 끼쳤을 것이다.

• **업계 소문이나 평.** 고객이 동료나 동업자에게서 당신 또는 당신의 회사 조직에 대한 소문을 듣고 그로 인해 현재 편견을 가지고 있을지도 모른다. 또는 경쟁업체에서 어떤 말을 들었을 수도 있다. 그런 경우라면 경쟁업체는 당신의 솔루션이 결함이 많거나 열등하다는 평가를 들려주었을 것이다.

• **조직의 특성.** 고객이 처리해야 할 업무가 너무 많아 당신에게 할애할 시간이 없거나 비용을 절감하라거나 이익을 늘리라는 등 조직에서 압력을 받고 있을지도 모른다. 또는 다른 공급업체와 약속이 되어 있을 수도 있다.

• **개인적 특성.** 고객의 성격이 완고하거나 변화를 좋아하지 않거나 일반적으로 같이 일하는 것을 어려워하는 유형일 수도 있고, 고객의 태도에 대해 정확히 짚어서 말할 수 없는 경우일 수도 있다. 또한 읽어내기가 어려운 고객일 수도 있고, 이런저런 구실을 달아 부정적인 감정을 숨기려는 고객일 수도 있으며, 당신에게 여러 가지가 혼합된 신호를 보내는 고객일 수도 있다.

고객의 부정적인 태도는 아무런 이익을 얻을 수가 없기 때문에 묵살하고 싶을 때도 있을 것이다. 그러나 유념해야 할 점이 있다. 세일즈맨이란 이런 것들까지도 받아들이고 이해하며 누그러뜨려야 한다는 사실이다.

고객이 특정한 우려를 드러낼 권리가 있느냐 없느냐는 당신이 판단할 일이 아니다. 고객이 어떤 우려를 지니고 있다면 그것은 처리해야 할 문제이며, 그것이 정당하다고 생각하든 아니든 상관없이 처리는 빠를수록 좋다.

그러나 까다로운 고객의 태도라고 해서 모두 본질적으로 부정적인 것은 아니다. 어떤 고객은 당신과 비즈니스를 같이 하는 것에 중립적이거나 무관심할 수도 있고, 어떤 고객은 당신이 충족해줄 수 있는 니즈가 있다는 사실을 깨닫지 못할 수도 있다. 또한 어떤 고객은 당신의 회사 조직 또는 제품이나 서비스에 대해 알지 못할 수도 있다.

중립적이든 부정적이든 고객의 우려를 접했을 때 처음 할 일 중 하나는 고객의 태도를 명확히 파악하는 것이다. 그리고 그 다음이 그 태도를 다루는 시도다. 그러한 과정을 거치지 않고 고객의 태도를 추측하면 매우 위험하다. 고객의 우려를 온전히 해결하지 않고 세일즈 과정을 진행할 수 있기 때문이다. 그러면 고객이 당신의 제품이나 서비스에서 보는 결점을 그냥 지나칠 수 있다. 또는 당신에게 계속 무관심한 고객에게 헛되이 시간을 낭비하고 끝날 수도 있다.

고객의 태도를 다루려면 효과적인 전략, 명확한 의사소통, 전문가적인 판매 기술이 필요하다. 이런 것들을 갖추면 긍정적인 고객의 태도를 강화하고, 중립적이거나 부정적인 태도를 극복하고, 장기적이고 상호 이익이 되는 파트너십을 형성하는 데 도움이 된다.

여기서는 다양한 우려를 다루는 전략을 살펴볼 것이다. 뒤에 나오는 〈남은 관심사에 대해 협상하라〉에서는 판매 기술을 동원해도 해결되지 않는 우려가 있을 때 교섭하는 방법을 소개할 것이다.

01

무관심을 극복하라

어떤 세일즈 직원이 보험에 대해 설명하는 것을 듣고 있었습니다. 그는 한참 동안 설명을 하더군요. 그는 저한테 질문은 하나도 하지 않고 녹음된 것 같은 프레젠테이션만 늘어놓았어요. 결국 저는 제가 관심을 가질 만한 것이 하나도 없다는 결론을 내렸어요. 그에게 그렇게 말했더니 그 직원은 아주 공손한 태도로 자기 상사를 불러오는 거예요. 그 상사라는 사람은 저를 보자마자 강매하다시피 보험을 선전하더라고요. 아까 그 직원이 읊어대던 것과 똑같은 프레젠테이션을 하는 거예요. 말이 그 직원보다 좀 더 빠르고 공격적이라는 것만 빼고는 똑같았어요. 제가 다시 한 번 관심 없다고 말했더니 저한테 소리를 지르지 뭡니까. 저는 일어나서 사무실을 나와버렸는데, 그 사람은 저를 따라오며 계

속 소리를 지르더라고요. 왜 제가 관심이 없는지는 물어보지도 않
고 말이죠.

무관심은 고객의 태도 중에서도 가장 극복하기 어렵다. 무관심의
원인은 여러 가지 요소가 있다. 경쟁업체의 제품 또는 서비스에 만족
하거나 당신이 파는 제품 또는 서비스가 특별히 이익이 없다고 생각
하거나 현재의 니즈를 알지 못하기 때문이거나 단순히 고객이 지금보
다 더 나은 것을 볼 안목이 없기 때문이다.

고객은 다양한 방법으로 무관심을 표현한다. 당신을 만나는 것을
미루거나 날짜가 정해진 회의를 계속해서 연기하기도 한다. 회의 중
에 지루해 하거나 관심 없는 표정을 드러내기도 한다. 아니면 "죄송하
지만 지금 당장은 여기에 관심이 없습니다"와 같은 말로 무관심을 공
개적으로 표현하기도 한다.

성공적인 세일즈맨은 무관심을 확인되지 않은 니즈나 불만족을 드
러낼 수 있는, 도전할 만한 기회로 본다.

성공적인 세일즈맨은 자신의 제품이나 서비스에 집중하지 않고
대신 고객의 상황과 그것을 어떻게 개선할 것인지에 집중한다. 그
러나 당신의 모든 전략을 미리 계획하기란 사실 대단히 어렵다. 따
라서 고객의 기분과 반응을 따라가야 한다. 성공적인 세일즈맨은
언제 무관심한 고객에게서 물러나 시간을 절약하는 것이 좋은지를

잘 알고 있다.

1. 탐색을 허용해달라고 요청하라

고객이 무관심을 표시하면 당신은 고객과 당신 모두에게 이익이 되는 대화 방법을 찾아야 한다. 먼저 고객의 견해를 받아들여라. 고객이 말한 것을 당신이 들었다는 사실을 알리고, 고객이 당신에게 전달한 사항을 당신이 이해하고 있음을 알리는 것이 중요하다. 이 단계를 확실히 거쳐야 한다. 그렇지 않으면 고객의 니즈에는 상관없이 자기 물건만 팔아먹으려고 강매를 하는 전형적인 세일즈맨으로 비칠 게 뻔하다.

이 단계를 거친 다음에는 고객의 시간을 많이 빼앗을 의도가 없으며, 필요하지 않은 물건을 팔려는 것이 아님을 알려라. 시기가 잘못되었는지 여부를 확인하는 질문을 하라. 현재 경쟁업체와 맺은 계약을 6개월 후에야 만료한다거나 예산을 이미 편성하여 당분간 제품을 구입할 여력이 없을 수도 있다. 이런 경우에는 언제 다시 전화를 걸면 좋을지를 물어본다. 그리고 고객에게 다시 약속을 잡아줄 것을 요청한다.

시기 문제가 아니라면 다음 단계는 세일즈 전화를 본질적으로 다시 시작할 방향을 설정한다. 그러기 위해서는 고객에게 탐색을 허용해달라고 요청해야 한다. 탐색이 고객에게 가치가 있음을 알려라. 예를 들면 고객에게 지금이나 앞으로 유용한 제품이나 서비스를 제공하고 싶다는 의도를 밝히는 것이다. 고객은 당신이 제시하려는 것에 관심이 없음을 밝힌 후에도 왜 당신에게 정보를 계속 제공해야 하는지를 알아야 한다.

고객에게 탐색을 허용해달라고 요청할 때에는 반드시 의제를 범주와 시간으로 제한해야 한다. "간단한 질문 몇 가지에 대답을 해주신다면 선생님께 도움이 되는 제안을 몇 가지 드릴 수 있을 겁니다"라든가 "회의를 계속할 이유가 있는지 알아보기 위해 한두 가지 질문을 드릴 수 있었으면 합니다"와 같이 말이다.

탐색을 허용하면 현재 상황이나 미래에 대한 비전을 묻고, 니즈가 있는지 알아보라. 당신의 목표는 고객이 정보를 제공하도록 하는 것이며, 고객에게 현재 문제가 있는지 여부를 확인하는 것이다. 어떤 세일즈맨은 항상 고객이 자신의 회사에 대해 말하게 만든다고 한다. 고객이 말을 길게 할수록 세일즈맨에게는 문제를 찾아낼 가능성이 높아지기 때문이다. 그러면 세일즈맨은 여기에서 배운 것을 다른 세일즈 전화, 특히 해당 회사 조직 내의 다른 구매 센터와 전화할 때 활용할 수도 있다.

이런 목표를 염두에 두되 지나치게 속도를 내어 강요하는 느낌을 주어서는 안 된다. 그랬다가는 긍정적인 결과를 얻어낼 가능성이 영영 사라진다. 고객이 탐색을 꺼리면 미래를 기약하며 전화를 끝내라. 고객의 시간과 당신의 시간을 낭비하지 마라. 그렇다고 관계를 포기하라는 말이 아니다. 잠재적 가능성이 충분하다면 추후에 행동을 계속할 것인지를 고려하고 소통 관계를 유지하라.

2. 고객이 놓치고 있는 것을 볼 수 있게 도와주어라

무관심한 고객을 탐색하면 고객이 현재의 공급업체 때문에 가지고 있을지 모르는 문제를 찾거나 고객이 좋아할 만한 새로운 전략의 가능성을 논하거나 고객이 경쟁업체에게 느끼고 있는 압박을 검토할 기회가 생긴다. 이들 중 하나만 있어도 고객은 이전에는 알지 못하던 자신의 니즈를 깨닫게 된다. 무관심을 극복할 수 있는 탐색 방법은 다음과 같다.

● **다른 공급업체에 대해 알아본다.** 고객이 지금 비즈니스 계약을 맺은 업체는 어디인가? 해당 고객이 이 관계를 바꿀 가능성이 있는가?

● **고객의 전략과 목적을 탐색한다.** 고객의 비즈니스 목표는 무엇인가? 고객의 회사 조직이 전략 방향을 바꾼 적이 있는가? 당신의 제품이나 서비스가 그 새로운 비즈니스 목적을 어떻게 촉진할 수 있는가?

● **고객의 경쟁 상황을 분석한다.** 고객의 주요 경쟁업체는 어디인가? 고객의 시장 점유율은 높아지고 있는가 낮아지고 있는가? 고객의 회사를 위협하는 새로운 라이벌이 있는가?

또 다른 탐색 전략으로는 고객이 현재 무엇을 하고 있으며, 그 과정이나 절차가 잘 진행되고 있는지를 고객에게 묻는 것이다. 고객이 현재 하고 있는 일에 얼마나 만족하고 있는지를 판단하게 하여 고객의 니즈를 발견하는 것이 목표다. 이를 위해서는 다음과 같은 질문을 할 수 있을 것이다.

· 지금 취하고 있는 방식이 비즈니스에 어떤 영향을 주고 있습니까?
· 지금 얻고 있는 결과에 대해 어떻게 생각하십니까?
· 그것이 당신의 고객에게 어떤 영향을 주고 있습니까? 품질 · 생산성 · 손익에는 어떤 영향을 주고 있습니까?

고객의 만족 수준을 알아보기 위해 탐색할 때에는 변하지 않고 그대로인 일의 결과에 대해 고객이 깨닫도록 하면 고객이 니즈를 인식하도록 할 수 있다. 어떤 세일즈맨이 고객에게 "현재 보유하고 계신 전화 시스템에 만족하십니까?"라고 물었을 때 고객이 "아주 좋습니다. 아무 문제도 없어 보이거든요"라고 답할 수도 있다. 하지만 뒤이어 "그렇다면 전혀 문제가 없었다는 말씀이십니까?"와 같이 좀 더 예리한 탐색을 한다면 고객은 더욱 비판적인 평가를 하게 되고 이익을 가져올 수 있는 변화가 필요하다는 인식을 할 수 있을 것이다.

지금 가진 것에 완전히 만족하는 사람은 극히 드물다. 그러니 무엇인가를 제시할 여지는 항상 있다.

고객이 현재 사용하고 있는 제품이나 서비스를 당신이 잘 아는 경우라면 정보를 최대한 활용해 당신의 솔루션이 해당 제품이나 서비스에 비해 이익이 있다는 것을 강조할 수 있다. "지금 사용하시는 제품보다 서비스 시간이 더 긴 제품이 필요하다고 생각해보신 적이 있으신지요?"와 같이 말이다.

이런 유형의 탐색을 그때그때 임기응변으로 만들어내는 것은 매우 어려운 일이다. 그러니 미리 경쟁업체의 프로필을 많이 만들어두면 유용할 것이다. 핵심은 스스로에게 "이 고객이 우리 제품을 사용하지 않기 때문에 놓치고 있는 것은 무엇인가?"와 같이 묻는 것이다. 그런 다음 고객에게 똑같은 깨달음을 줄 수 있는 몇 가지 질문을 만들어보는 것이다.

고객이 인정하지 않거나 표현하지 않는 고객의 니즈를 도입하는 것은 절대 피해야 한다. 그렇게 하면 고객은 당신이 제품이나 서비스를 강매하려 한다고 생각할 수 있다. 이런 실수를 피하려면 추가 탐색을 하는 동안 나타날 수 있는 모든 니즈를 고객에게 분명히 알려야 한다.

3. 정중함을 유지하라

인내심과 끈기는 성공적인 세일즈 관계를 쌓는 핵심이다. 세일즈 전화 한두 통으로 무관심한 고객을 바꿀 수 있다는 기대는 하지 마라. 고객이 자신에게 무엇이 필요한지에 대한 생각을 바꾸고 세일즈맨을 신뢰하게 하는 데에는 시간이 필요하다.

가구 소매 분야에서 일하고 있는 한 세일즈맨은 가구가 딸린 아파트를 비즈니스 출장객에게 빌려주는 사업을 하는 대규모 부동산업체에서 계약을 따내는 데 2년이 걸렸다. 그 업체는 경쟁업체와 장기 계약을 맺고 있었지만, 그 세일즈맨이 인내심과 관심을 잃지 않은 것이 계약이 끝난 후 공급업체를 바꾸는 계기가 되었다.

이처럼 무관심한 고객에게는 때로는 장기적인 관점을 적용하는 것이 필요하다. 무관심한 고객에게서 세일즈를 성사하거나 약속을 얻어내지 못하더라도 다음의 몇 가지 이유 때문에 그 고객에게 쓴 시간이 헛되지 않을 수도 있다.

- 라포를 쌓았다. 당신과 당신 회사를 소개했고, 당신이 고객과 비즈니스를 같이 하고 싶다는 것을 보여주었다.

- 당신이 제시할 수 있는 것을 설명했다. 당신의 비즈니스 지식과 전문성을 보여주었고, 고객에게 유용한 자원이 될 수 있음을 제시했다.

- 그 고객에 대한 지식을 얻었다. 그 고객과 고객사, 업계에 대한 지식을 배우는 기회가 되었다. 이런 지식은 다른 판매 상황에 적용할 수 있을 것이다.

고객에게 나중에 다시 연락하겠다는 허락을 얻어라. 첫 만남에서 성과가 없었다 하더라도 다시 만나자는 허락을 받고 다시 시도해보라. 아니면 같은 회사 내의 다른 구매 센터와 접촉할 수도 있다.

한 세일즈맨은 새롭게 형성한 관계에서 자신의 가치를 입증하기 위해 더 열심히 일해야 했다고 털어놓았다. 그는 고객이 관심을 보이는 주제에 대한 정보를 고객에게 알려주기 위해 초과 근무를 하기도 했다고 한다.

무관심한 고객에게서 항상 세일즈를 성공할 수는 없을 것이다. 그렇다고 해서 관계를 쌓는 노력까지 중단해서는 안 된다. 무관심한 고객이라도 같은 업계 내의 다른 고객에 관한 유용한 정보를 알려줄 수도 있고, 새로운 고객을 소개해줄 수도 있다.

시간을 낭비하고 있을 뿐이라는 것은 어떻게 알 수 있을까? 무관심한 고객에게 당신이 투자한 시간·에너지·자원에 비해 돌아오는 것이 없다는 생각이 들면 그때가 관계를 종결하고 다른 곳으로 눈을 돌려야 할 시기인지도 모른다. 최고 세일즈맨은 무관심한 고객에게 들이는 시간이 그만한 가치가 있는지를 재어본 다음 '이것이 우리가 해야 하는 옳은 일인가? 그만한 이익이 있는가?'를 고려한다.

4. 또 다른 기법

• **무관심을 인식하는 법을 배워라.** 무관심한 고객과 의심 많은 고객을 구분하는 법을 배우면 문제를 더욱 효과적으로 다룰 수 있을 것이다. 무관심을 보이는 유형의 고객에 익숙해져라. 고객이 무관심을 보일

때 그 고객을 분석하고 왜 그런지 판단하라. '우리의 경쟁업체가 이런 유형의 고객이나 회사에 벌써 진출한 걸까?', '우리 제품이나 서비스가 이 업계의 회사에는 잘 맞지 않는 것일까?'와 같이 자문해보라.

• **거울을 들여다보라.** '집중하는 낙관론자'의 역할을 생각하라. 판매가 고객에게까지 열정을 전파하는 것이라면 당신은 올바른 열정의 태도와 수준을 보이고 있는가? 최고 세일즈맨은 훌륭한 태도를 지니고 있다. 그는 언제나 열정이 넘친다. 또한 늘 상황을 염두에 두고 문제를 기회로 바꾼다.

• **냉정함을 잃지 마라.** 무관심한 고객은 때로 불친절하거나 퉁명스러우며 무례한 태도를 보이기도 한다. 하지만 그들의 행동 때문에 당신이 그들의 무관심을 극복하지 못한다는 의미는 아니다. 적절한 기술과 인내심이나 끈기와 같은 태도를 갖춘 세일즈맨은 처음부터 무관심한 고객에게서도 세일즈를 성공하는 경우가 많다.

무관심한 고객 때문에 느끼는 감정에 집중하지 말고, 그 고객에게 당신이 무엇을 제시할 수 있는지, 그리고 세일즈 전화에서 당신이 설정한 목표에 집중하라. 이런 고객은 이전에 불쾌한 세일즈 경험이 있기 때문에 이제는 강매하는 세일즈 프레젠테이션에 굴복하기보다 까다롭게 굴기로 결심한 것인지도 모른다. 그들의 불길에 기름을 붓지 마라. 적극성과 공격성은 종이 한 장 차이이다. '이 고객의 니즈는 무엇일까?'와 같이 당신이 언제나 올바른 편에 서 있음을 상기하도록 하는 질문을 자신에게 하라.

• **자신을 차별화하라.** 고객이 당신의 제품이나 서비스와 비슷한 것을 다른 곳에서도 쉽고 싸게 구매할 수 있다고 생각한다면 경쟁에서 앞서게 하는 것은 당신이 내세울 수 있는 독특한 품질·지식·서비스일 것이다. '경쟁업체는 할 수 없고 우리만이 이 고객에게 제공할 수 있는 것은 무엇일까?', '이 고객에게 제시해야 하는, 나만의 독특한 전문성은 무엇일까? 하고 자문해보라.

02

이의 제기를
예상하라

저는 회사 사무실에 새 가구를 들여놓는 일을 맡았습니다. 그래서 여러 공급업체를 초청하고 프레젠테이션을 요청했지요. 모두들 제가 원하는 것들을 몇 가지씩 갖추었고, 제가 그리 관심 없어 하는 특징도 몇 가지씩 갖고 있더군요. 이런저런 대화를 나누다가 그중 한 세일즈맨에게 그 회사의 납품 기간이 좀 걱정스럽다고 말했습니다. 그리고 나서 그 말을 한 걸 후회했지요! 그 세일즈맨이 자기 회사보다 더 빨리 납품하는 회사는 없다느니, 만약 그렇다는 회사가 있다면 그건 새빨간 거짓말이라느니 하는 얘기를 끝도 없이 늘어놓지 뭡니까! 말투도 어찌나 공격적인지 싸움이라도 거는 것 같아서 기겁했어요. 저는 그 사람이 실컷 이야기하게 내버려둔 다음 다시는 말을 걸지 않았어요.

이의는 세일즈 과정에서 당연히 나오는 부분이다. 고객의 이의나 우려가 타당한 경우도 있고, 말도 안 되거나 연관성이 없는 경우도 있다. 그러나 이의는 곧 기회다. 이의는 고객의 관심을 뜻하는 경우가 많다. 이의를 제기할 때면 종종 고객은 당신을 바라보며 오해를 줄이려 하거나 당신의 제품이나 서비스에 추가 정보를 제공하거나 구매를 결정하려고 할 때 남은 의심을 제거하려 하기 때문이다.

당신은 다양한 상황에서 이의를 능숙하게 처리할 수 있어야 한다. 고객은 전화를 걸기 전이나 프레젠테이션을 하는 도중이나 약속을 이끌어내려 하는 도중이거나 때로는 세일즈 전화를 끝낸 후에도 이의를 제기할 수 있다. 당신은 모든 이의에 진지하게, 철저하게, 공감을 이끌어내는 방식으로 답해야 한다.

고객은 이해하지 못했을 때, 받아들이지 못했을 때 또는 당신이 한 말에 동의하지 못할 때 이의를 제기한다.

이의는 세일즈맨에게 어려운 문제일 수도 있지만 유용한 목적으로 활용할 수도 있다. 고객과 세일즈맨 사이에 생산적인 대화를 촉진하는 데 도움이 되기 때문이다. 고객의 이의를 효과적으로 처리하면 좀 더 좋은 인상을 줄 수 있고 세일즈를 성공할 가능성도 그만큼 커진다. 이의를 해결하면 고객과 상호 이익이 되는 합의에 도달하는 것 또한 수월해진다.

1. 이의를 환영하라

이의에 효과적으로 대응하려면 긍정적인 태도가 필수적이다. 이의를 세일즈의 걸림돌이라는 부정적인 방식으로 바라보는 세일즈맨도 있지만, 성공적인 세일즈맨 대부분은 이와는 다른 시각을 가진다. 그들은 이의를 세일즈맨으로 하여금 고객을 이해하도록 만들고, 고객에 대해 더 많은 것을 배우고, 고객을 어떻게 도울 수 있는지 알릴 수 있는 기회로 본다.

성공한 세일즈맨들은 이처럼 이의를 좋은 신호라고 생각한다. 고객이 흥미를 갖고 있으며 세일즈맨과 합의를 이룰 준비가 되어 있음을 알리는 신호라고 보는 것이다. 이들에게 이의는 이야기를 계속하고 더 많은 정보를 취합하고 제시할 수 있는 기회인 것이다.

최고 세일즈맨은 이의를 예상하는 법을 배운다. 때로는 가장 흔히 제기하는 이의에 대한 대응 목록을 만들기도 하고, 이의를 성공적으로 처리하는 판매 기술을 개발하기도 한다.

2. 당신이 귀를 기울이고 있음을 알게 하라

최고 세일즈맨 대부분은 이의를 극복하는 기법이 거의 비슷하다. 먼저 고객의 이의를 접할 때마다 그것을 받아들이고, 무시하지 않는다. 고객이 이의를 제기하는 것을 주저하는 듯 보이면 오히려 고객을 격려한다. "제가 지금까지 말씀드린 것에 대해서 질문이 있으십니까?" 또는 "선생님께서 중요하다고 생각하신 이슈 중에 제가 미처 얘기하지 않은 것이 있습니까?"라고 묻는다.

당신은 필요하다면 고객에게 협조하여 그들이 이의를 명확하게 제기하도록 도와야 한다. 그러면 고객의 이의에 더 확실하게 대응할 수 있다. 고객의 이의를 주도적으로 처리하면 당신은 고객과의 비즈니스를 열망하고 있으며 고객의 관심사를 염두에 두고 있다는 메시지를 전달할 수 있다.

나는 판매하는 각각의 서비스에서 제기되는 이의 목록을 작성해두고 있다. 각각의 이의 밑에는 대응할 말이나 내가 물을 질문을 적어두었다. 때로는 상황에 딱 들어맞는 질문을 하는 것이 그 상황을 더 잘 파악하는 데 도움이 되기도 한다.

중요한 것은 고객의 이의에 주의 깊게 귀를 기울여 공감을 하고 있다는 것을 표시해야 한다는 점이다. 고객이 자신의 표현으로 이의를 완전히 설명할 때까지 끼어들지 말고 기다려라. 고객이 말을 하는 동안 적절한 몸짓으로 고객의 말을 주의 깊게 듣고 있음을 나타내고, 고객이 말한 이의를 되풀이해 말함으로써 당신이 완전히 이해하고 있다는 것을 보여줘라.

이의를 제기하면 그 이의를 평가해서 고객의 의도를 파악하라. 그런 이의가 나온 것은 고객이 무관심하기 때문인가 아니면 그저 잘못 이해했기 때문인가? 예를 들어 고객이 "우리는 지금 사용 중인 제품이나 서비스에 아주 만족합니다"라고 말했다면 무관심하기 때문이라고 생각할 수 있다. 하지만 고객이 "당신 회사의 제품은 우리 표준에 맞지 않아요"라고 말했다면 당신 회사의 제품이 제시할 수 있는 것을 오해한 것일 수도 있다. 고객이 제기한 이의가 어떤 유형인지를 알면 효과적으로 대응할 수 있다.

3. 탐색하여 명확하게 밝혀라

이의를 명확히 밝히기 위해서는 "제가 방금 말씀드린 것을 어떻게 생각하십니까?", "더 알고 싶으신 것이 있습니까?", "선생님의 문제를 해결하는 데 이것이 도움이 되리라 보십니까?"와 같은 질문을 해야 한다. 그리고 질문을 할 때는 다음 사항들을 확실히 해야 한다.

• **고객이 표현하는 우려가 어떤 유형인지 알아야 한다.** 고객이 당신의 제품이나 서비스의 결점을 지적하면 다른 특징과 이익을 강조해서 그 결점을 축소할 수도 있다. 당신이 말한 것을 고객이 오해했다면 추가 정보를 덧붙이거나 당신이 했던 말을 다른 방식으로 바꿔서 말하면 된다.

• 고객의 우려를 철저히 파악한다. 고객의 이의에는 대부분 표현하지 않거나 확인하지 않은 니즈가 숨어 있다. 체계적인 질문을 하거나 탐색을 통해 숨은 니즈를 찾아내고 고객에 대해 더 많은 정보를 얻으면 당신이 그 니즈를 어떻게 충족하는지 보여줄 기회를 얻을 수 있다.

• 고객이 의심이나 의혹을 완전히 표현하도록 해야 한다. 고객이 이의 제기를 주저하면 탐색을 통해 마음을 열고, 하고 싶은 말을 정확히 하도록 도움을 줘야 한다. 이렇게 하면 당신과 고객 사이의 정보 교환이 활발해져서 강력한 비즈니스 관계를 쌓을 수 있다. 우리가 아는 어느 세일즈맨은 "무엇을 알고 싶으십니까? 어떻게 하면 좀 더 편안함을 느끼시겠습니까?" 하고 질문을 한다. 이런 질문은 고객의 반응을 조작하는 것이 아니라 '추구하는' 질문이다.

당신이 무슨 일을 하든 고객이 뜻한 바를 모두 알고 있다고 섣불리 판단하지 말고, 고객의 우려를 반박하려 하지 마라. 그보다는 고객의 말에 진지하게 귀를 기울여라. 어떤 고객의 우려가 다른 고객의 우려와 유사할 것이라고 판단해버리면 엄청난 위험이 뒤따르게 마련이다. 판단이 잘못되면 상담자 역할의 세일즈맨이라는 믿음을 송두리째 잃고, 물건을 파는 것밖에 모르는 강매자라는 인상을 남기고 나락으로 떨어지고 만다. 시간을 조금 들여서라도 정확히 탐색하라. 고객은 당신이 자신의 우려를 덮거나 무시하지 않고 진심으로 집중하는 것을 높이 평가할 것이다.

고객의 우려를 적절하게 이해했다는 판단이 들면 그것을 해결하기 위해 적절한 정보를 제시하라. 당신이 제시하는 정보를 고객이 받아들이고, 고객의 우려가 만족스러운 수준으로 해결되었다는 것을 늘 점검하고 확인해야 한다. "이렇게 하면 고객님의 우려가 해결되겠습니까?" 하고 물어도 좋다. 그런 다음 고객의 몸짓과 표정을 면밀히 관찰하고, 고객에게서 불만이 엿보이거나 우려가 계속되면 다음과 같이 말하라.

"고객님께서 여전히 의구심이나 의혹이 있으신 것 같습니다. 이번에도 이런 점을 제시하는 것으로 그쳐야 할까요? 저는 고객님이 완전히 만족하실 때까지 이 문제를 앞으로도 계속 고민하겠다는 사실을 보여드리고 싶습니다."

4. 또 다른 기법

• 여러 가지 유형의 이의를 확인하라. 이의를 다루는 가장 좋은 방법은 이의를 미리 예상하고 준비하는 것이다. 최고 세일즈맨은 이의를 분류하는 시스템을 갖추어놓고, 이 시스템을 동료와 공유하는 경우가 많다. 자신만의 고객 이의 유형을 개발하려면 제기할 수 있는 이의 목록과 그에 대응할 수 있는 전략을 작성하라. 특정 고객의 상황에서 제기할 수 있는 모든 이의를 생각하고, 그런 이의를 완전히 해결하기 위해 어떤 행동을 할 것인지 또는 어떤 말을 할 것인지를 결정해둔다.

• **고객의 정직성을 존중하라.** 고객이 단순히 당신에게 동의하기 싫거나 까다롭게 굴고 싶어서 이의를 제기한다고 가정해서는 안 된다. 대부분의 이의는 고객이 진짜로 우려하는 것의 표현이거나 고객이 회사 내에서 구매 결정에 대해 변호하기 위해 대답할 필요가 있는 질문인 경우가 많다. 그러니 고객이 이의를 제기할 권리를 인정하고, 고객이 이의를 제기할 정도로 정직하다고 존중하라. 그렇게 하면 고객이 이의를 제기할 때 좀 더 긍정적인 태도를 가질 수 있고, 이의를 세일즈 과정의 정상적인 부분으로 받아들일 수 있으며, 고객을 대할 때 더 많은 인내심을 가질 수 있다.

• **논쟁하지 마라.** 고객이 이의를 제기하면 때로는 당신의 제품이나 서비스, 회사 조직, 당신 자신을 지키고 싶은 마음이 들 수 있다. 그러나 그런 감정적인 반응에서 나오는 행동은 삼가야 한다. 그렇지 않으면 고객과 적대적인 관계가 되어 라포를 해칠 수 있다. 오해가 있으면 명확히 밝히거나 당신이 말한 것에 대한 증거 자료를 제시하거나 제품의 특징과 이익에 대한 추가 정보를 제시하여 고객을 교육하는 데 집중하라.

• **바로 협상에 들어가지 마라.** 이의에 대한 보상으로 무언가를 내주어야 한다는 생각은 금물이다. 우려를 누그러뜨리려는 목적으로 바로 협상에 들어갔다가는 당신과 당신 회사에 유리하지 않은 조건에 합의할 가능성이 높다. 협상은 판매 과정을 완료하고 제안을 상정한 후에

해야 한다. 그 이전에는 절대 해서는 안 된다.

·03·

오해를 풀어라

저는 그 세일즈맨이 팔려는 시스템이 마음에 들었습니다. 하지만 그가 서비스 보증에 대해 말하는 걸 듣고 나서 만일 그 시스템이 다운되면 그 회사의 서비스 기술로는 주말 동안에 그 문제를 해결할 수 없다는 이야기를 들었다고 말했죠. 그랬더니 그는 "아뇨, 고객님이 틀렸습니다. 우리는 주말에도 일합니다!"라고 단호하게 말하더군요. 그러고는 다른 이슈에 대해 계속 말하는 거였습니다. 저는 야단을 맞은 기분이 들어서 그때부터는 대화가 끝날 때까지 한마디도 하지 않았습니다.

훌륭한 세일즈맨은 오해가 발생하면 즉시 해결한다. 그러나 혼동된 부분을 명백히 밝히고 다른 이슈로 넘어가는 것이 언제나 최고의 전략이 될 수는 없다. 오해를 풀기 전에 그런 오해가 생긴 이유를 완전히 파악해야 한다. 그리고 그런 오해를 다른 고객의 우려를 확인하는 기회로 활용해야 한다. 한 가지 오해를 명확히 밝히다 보면 고객이 가지고 있을지 모르는 다른 우려가 드러나거나 더 큰 문제가 있다는 것을 밝힐 수 있다.

오해를 가볍게 취급해서는 절대 안 된다. 오해를 다루는 방법에서 세일즈맨으로서 당신의 역량, 당신의 판매 스타일, 당신의 전문가적 센스가 드러난다. 당신이 오해를 다루는 방법을 보고 고객은 자신의 우려가 당신에게 얼마나 중요한지 알 수 있고, 당신은 고객에게 당신이 고객의 비즈니스를 얼마나 가치 있게 생각하는지에 대한 메시지를 전달할 수 있다.

1. 원인을 찾아라

오해가 생기는 원인은 무엇일까? 다음과 같은 몇 가지 원인이 있을 것이다.

• **부정확하거나 불충분한 정보.** 고객이 당신과 당신의 회사 조직 또는 당신의 제품이나 서비스에 대해 오래되었거나 불완전하거나 틀린 지식을 가지고 있을 수 있다. 또한 고객이 당신의 경쟁업체에서 잘못된 정보를 입수했을 수도 있다.

- **나쁜 인상.** 당신이 고객에게 좋지 않은 첫인상을 주었을 수도 있다. 당신의 회사에 소속된 다른 세일즈맨이나 고객 서비스 담당 직원, 일반적인 다른 세일즈맨과의 교류에서 그런 생각이 형성되었을 수도 있다.

- **충족되지 않은 니즈.** 고객에게 당신이 충족할 수 있는 니즈가 있으나 미처 알아차리지 못하고 있을지도 모른다. 이는 고객과 당신 모두 그 니즈를 확인하거나 논하지 못했기 때문일 가능성이 높다.

오해는 판매 주기에서 언제든지 발생할 수 있다. 오해가 생길 때마다 질문을 해서 고객이 어디서 잘못된 생각을 하게 되었는지를 찾아내야 한다. 그런 오해가 당신이 말하거나 행동한 것에서 나왔는가? 당신 자신을 표현하는 방법이 불명확했는가? 고객이 광고나 회사 팸플릿에서 읽은 정보에서 오해가 생겼는가? 경쟁업체가 당신이나 당신의 회사 조직에 대해 혼란스럽거나 호도하는 말을 했기 때문인가?

오해의 근원을 찾아내면 대응책을 마련할 수 있고, 다른 고객에게 동일한 오해가 생기지 않도록 예방할 수 있다.

2. 우려를 정면으로 다루어라

오해를 다루는 가장 효과적인 전략은 다음과 같다.

· 고객의 견해를 인정한다.

· 완전한 이해를 위해 탐색을 하고 당신이 잘하고 있다는 것을 확인한다.

· 올바른 방향으로 돌아갈 수 있는 적절한 정보를 제시한다.

고객의 오해는 대체로 당신이 특정 제품의 특징이나 이익을 실제로는 제시할 수 있는데도 제시하지 못하고 있다는 고객의 믿음에서 나온다. 이런 상황에서는 고객에게 추가 정보를 제시하거나 시연을 해 보이는 것만으로도 쉽게 오해를 풀 수 있다.

예를 들어 어떤 고객이 당신의 회사가 제품을 구입할 때 50퍼센트의 계약금을 요구한다는 잘못된 추정을 하는 바람에 그렇게 많은 금액을 미리 낼 수는 없다고 거절한다고 가정하자. 고객이 이런 이의를 제기하면 다음과 같이 대응하는 것이 좋다.

"고객님이 그런 요구가 부당하다고 느끼시는 것을 충분히 이해합니다. 그리고 그런 경우가 있으면 다른 공급업체를 찾는 것도 당연한 일일 것입니다. 하지만 정확히 말씀드리자면 저희 회사는 장기 고객님께 계약금을 요구하지 않습니다. 저희 경쟁업체들은 대부분 그렇게 하지만 저희 회사는 확고한 고객님들께는 이자 없이 18개월 내에 납부할 것을 제시해드리고 있습니다."

세일즈맨은 때로 안도감이 지나친 나머지 고객의 이의가 결점에 대한 지적이 아니라 오해라고 생각하기도 한다. 그래서 곧장 고객의 오해를 고쳐주려고만 한다. "아뇨, 그건 사실이 아닙니다. 저희는 보증 기간이 따로 있습니다"와 같이 말이다. 이렇게 되면 대화 속에서 라포는 사라져버린다. 그 말은 고객이 틀렸거나 무식하다는 것을 천명하고 있기 때문이다. 이것은 대화를 이끌어가는 최고의 방법이 아니다. 고객의 견해를 인정하면 많은 이익이 있지만, 그중 하나는 바로 세일즈맨이 실수를 하지 않도록 이끌어준다는 점이다.

3. 숨은 니즈를 탐색하라

고객의 오해를 추적하다 보면 표현하지 않았거나 확인되지 않았던 고객의 니즈를 찾을 수 있는 경우도 있다. 이런 경우에는 오해 속에 숨은 니즈를 찾아 탐색하고, 그런 니즈를 확인한 다음 당신의 제품이나 서비스가 그 니즈를 어떻게 충족하는지를 입증하면 좋다.

위에서 언급했던 그 고객이 장기 납부가 있다는 것을 알고 나서도 여전히 계약하기를 주저하고 있다고 가정해보자. 그러면 숨은 니즈를 찾기 위해 "저희가 제시해드린 납부 조건에서 아직 마음에 걸리시는 점이 있습니까?", "고객님의 회사에서는 대체로 어떤 납부 조건에 합의하십니까?", "고객님의 회사에 이상적으로 잘 맞는 납부 조건을 직접 설정하신다면 어떻게 설정하시겠습니까?"와 같이 질문하면 된다. 이런 질문으로 고객의 회사가 단기간의 현금 흐름에 문제가 있다는 점 등을 알아낼 수 있다.

고객에게 해당 니즈를 충족할 수 있다고 말할 때는 당신의 제품이나 서비스의 특징이 그러하다는 점을 말한다. 그러면 고객에게 어떻게 이익이 되는지를 입증해 보일 수 있다. 예를 들면 "이렇게 특수한 상황이라면 저희의 융통성 있는 납부 정책을 적용해보시겠습니까? 장기 고객님께는 첫 번째 납부를 최장 3개월 이후로 연장해드리고 있습니다. 이 방법을 선택하시면 3개월 동안 추가적인 재정적 부담 없이 생산성을 개선할 수 있습니다"라고 말하는 것이다.

고객의 니즈를 확인하면 고객이 자신의 오해를 더욱 긍정적인 관점에서 들여다보게 할 수 있다. 그러면 고객은 자신의 오해가 당신의 제품이나 서비스의 문제가 아니라, 고객의 니즈나 욕구로 받아들일 수 있다.

오해의 근원이 무엇이든 간에 고객의 우려가 완전히 해소되었는지 그리고 풀어야 할 또 다른 오해는 없는지를 확인하여 고객이 받아들이도록 해야 한다.

4. 또 다른 기법

• **고객과 절대 논쟁하지 마라.** 때로 당신이 오해를 명확히 밝히려 할 때 고객이 방어적인 입장을 취하기도 한다. 당신이 제시한 정보나 설명을 선뜻 받아들이려 하지 않기도 한다. 이때 고객이 잘못되었음을 입증하거나 고객과 논쟁을 벌이는 것은 효과적인 전략이 아니다. 이 두 가지 방법은 비즈니스 관계에 심각한 타격을 줄 수 있다. 이보다 훨

씬 나은 접근법은 자신을 솔직하게 드러내고 오해를 차분하게 밝힌 다음 필요하다면 표현을 바꾸어 되풀이해서 고객의 마음에 가 닿았음을 확인하는 것이다. 탁월한 세일즈맨은 고객의 오해는 명백하게 표현하지 못한 자신의 탓으로 돌리고, 때로는 해당 이슈를 다시 한 번 차근차근 돌아볼 것을 제시하여 고객이 방어적인 태도를 취하지 않게 만든다. 이때 명심할 것은, 고객에게 이기려 하지 않아야 한다는 점이다. 이는 상호 이익이 되는 관계를 쌓으려면 반드시 필요한 일이다.

• **고객을 절대 비난하지 마라.** 고객의 오해는 때로 고객 자신이 그 원인일 때도 있다. 예를 들어 업계에서 안 좋은 소문을 들었거나 제품 설명서를 철저히 읽지 않고 당신의 제품이나 서비스에 대해 그릇된 인식을 가졌거나 이해를 방해하는 선입견을 가졌기 때문이다. 그래도 고객을 비난하는 태도는 절대 안 된다. 당신이 해야 할 일은 고객을 비난하지 않고 가장 전문가다운 태도로 고객의 오해를 바로잡는 일이다.

• **당신의 제품이나 서비스를 옹호하라.** 논리적 변호 외에도 당신이 제품이나 서비스에 보이는 열정은 고객의 그릇된 개념을 바로잡는 데 도움이 된다. 당신이 취급하는 제품이나 서비스를 신뢰하면 부정적인 소문을 덜 믿게 되고, 불완전하거나 부정확한 정보를 바탕으로 의견을 형성할 가능성도 줄어든다. 제품이나 서비스에 대한 당신의 헌신은 고객의 마음가짐을 바꾸는 데 강력한 영향을 미친다.

결점에 대한 지적을
처리하라

저는 어느 대출 중개인과 제 니즈에 대해 이야기하고, 견적서를 내기 위해 같이 숫자를 맞춰보기 시작했습니다. 그러다 보니 그 중개인이 제시한 몇 가지 수수료가 이전에 제가 상담했던 다른 중개인들이 제시한 금액에 비해 높더군요. 그래서 제가 "당신의 수수료가 딱히 경쟁력이 있어 보이지 않는다"라고 말했더니 아니 글쎄, 그 중개인이 "아니, 저도 먹고 살아야지요"라고 하지 뭡니까. 그 말을 듣는 순간 제 마음은 떠나버렸습니다. 30분 후에 그 중개인이 메시지를 남겼는데, 협상의 여지가 있는 다른 수수료에 대해 말하는 것을 깜빡 잊었으니 연락해달라는 내용이었습니다. 말할 것도 없이 저는 다시는 그 중개인에게 연락하지 않았습니다.

당신의 제품이나 서비스가 고객을 완전히 만족스럽게 하지 못한다면 세일즈 과정에서 결점에 대한 지적이 언제라도 나올 수 있다. 결점에 대한 지적은 드문 일이 아니지만 발생할 때마다 항상 대처할 준비가 되어 있을 수는 없다. 예를 들어 결점을 알아차린 고객이 성급하게 또는 적대적으로 반응하거나 세일즈를 중단하려 하는 경우가 있다.

하지만 결점을 지적하는 것이 거래 중단이나 계약을 깨는 결과로 이어질 필요는 없다. 결점은 세일즈에 잠재적으로 중대한 영향을 미칠 수는 있으나 그 때문에 세일즈가 좌절될 필요는 없다.

어떤 제품이나 서비스든 모든 고객에게 언제나 완벽히 들어맞을 수는 없다. 당신이 구매부에 속해 있거나 개인적으로 구매 결정을 내렸을 때를 생각해보라. 구매는 힘든 결정이다. 모든 솔루션에는 저마다 장단점이 있기 때문이다. 그러니 당신이 공급업자 입장일 때는 결점이 나오더라도 모든 것을 잃지는 않는다는 사실을 받아들여야 한다. 당신이 극복할 수 있는 결점일지도 모르지 않는가. 고객은 단 한 가지 니즈 때문이 아니라, 당신이 얼마나 전반적인 니즈를 잘 충족할 수 있느냐를 바탕으로 구매 결정을 내린다는 사실을 명심해야 한다.

하지만 결점에 대한 지적을 절대 무시해서는 안 된다. 고객이 당신의 제품이 제대로 된 특징이 없다거나 당신이 제시한 가격이 경쟁업체보다 높다고 하면 언제라도 그런 불만을 인정하고 받아들여야 한다. 그러면 고객은 당신이 그런 우려를 적정하게 고려하고 있으며, 고객을 만족스럽게 하고 싶어 한다는 사실을 알게 될 것이다.

우리가 아는 한 세일즈맨의 잠재고객은 매달 내야 하는 할부 금액에 집착했다. 그 세일즈맨은 고객이 진짜로 원하는 니즈가 무엇인지 정확히 알아내지 못했고, 그 고객은 약간 더 높은 할부 금액을 내는 다른 회사와 계약을 해버렸다. 진짜로 원하는 니즈가 있고, 그에 대한 해결책을 원하는 고객에게 가격은 결정적인 요소가 아니다.

결점에 대한 지적을 해소하는 가장 좋은 방법은 고객이 집중하는 요소를 더 큰 그림에서 보게 하는 것이다. 당신의 고객이 당신의 제품, 예를 들어 고품질 복사기를 마음에 들어 하지만 가격이 비싸다고 말했다고 가정하자. 그러면 당신은 다음과 같이 대응하면 좋을 것이다. "저희 복사기가 경쟁업체보다 다소 비싸다는 고객님의 지적은 정확히 맞는 말씀입니다. 하지만 그 가격으로 저희 제품이 보증하는 품질은 그 어떤 회사의 제품과도 비교할 수 없을 만큼 우수합니다. 고객님의 1차 목표, 즉 고객님 회사의 고객님들에 대한 서비스를 개선한다는 목표를 달성하려면 품질이야말로 가장 중요하지 않겠습니까?"

1. 결점을 정확히 끄집어내어 따로 떼어내라

고객이 결점을 떠올렸다는 의심이 들면 고객이 주저하거나 우려하는 바를 탐색하여 충분히 파악해야 한다. 먼저 당신이 지금 고객의 무관심이나 오해를 처리하려는 것이 아니라는 사실을 명심하라. 고객이 생각하는 결점을 끌어내기 위해서는 다음과 같이 말하는 것이 좋다.

"고객님께서는 제가 말씀드린 내용 중에서 뭔가 걱정스러워하시는 부분이 있는 것 같습니다. 혹시 저희 제품에서 고객님의 진정한 니즈를 찾을 수 없다고 생각하시기 때문입니까? 아니면 고객님께서 이해가 안 가는 부분이라도 있으신지요?"

오늘날 고객은 모든 거래가 최고 거래가 되어야 한다고 생각한다.

그 다음으로 고객이 불만족스럽다고 생각하는 것이 확실하다면, 즉 결점이 진짜로 발생했다면 그것을 인정하라. "고객님께서는 아마도 저희의 품질보증 기간(또는 이러이러한 문제)을 마음에 걸려 하시는 것 같습니다"와 같이 말이다.

당신이 고객의 판단에 동의하지 않는다 하더라도 절대로 고객에게 그렇게 생각하는 논리나 타당성을 물어서는 안 된다. 고객에게 불쾌감을 줄 수 있다. 그러는 대신 고객이 지적한 결점을 따로 떼어내어 그것이 구매 결정의 수많은 요인 중 단 하나에 불과하다는 것을 입증하라. 그런 다음 당신의 제품이나 서비스가 고객을 충족할 수 있는 방법을 다음과 같은 말로 보여주어 결점을 긍정적인 방식으로 해결하라.

"그렇다면 저희가 제시한 보증기간이 고객님의 요건에 들어맞지 않는다는 얘기가 되겠습니다. 하지만 잠시만이라도 좋으니 저희 제품의 다른 특징을 살펴봐주시지 않겠습니까? 그것이 고객님의 생산성과 품질 목표를 달성하는 데 큰 도움이 된다는 사실을 보여드리겠습니다."

2. 큰 그림에 초점을 맞추어라

제품이나 서비스가 특정 고객의 문제에 완벽한 솔루션이 되지 못한다면 고객이 더욱 큰 그림의 니즈에 관심을 돌리도록 해보라. 그렇게 하면 고객이 해당 결점을 대국적으로 보고 다른 중요한 니즈의 맥락에서 살펴보게 하는 데 도움이 된다. 이러한 전략에는 다음과 같은 질문이 있다.

· 저희 제품이나 서비스가 고객님의 가장 중요한 니즈를 만족시키고 있습니까?
· 고객님이 현재 사용하시는 제품이나 서비스와 비교해서 저희 제품이나 서비스가 고객님께 전반적으로 더 낫습니까?
· 저희 제품이나 서비스를 이용할 때의 장점이 단점보다 더 큽니까?

당신이 충족할 수 없는 니즈가 다른 니즈보다 덜 중요하다고 고객과 당신이 합의한다면 해당 세일즈를 계속 진행하는 것이 당신과 고객 양쪽에 이로울 수 있다. 하지만 당신의 생각을 고객에게 억지로 주입해서는 안 된다. 세일즈를 진행하기 전에 반드시 고객이 받아들였는지 점검하고 세일즈를 진행해도 좋다는 고객의 합의를 확인하라.

세일즈맨은 사실을 찾아내는 자신의 기술을 그야말로 사실을 찾아내는 데 적용해야 하지만, 핵심적 결정 요소가 될 수 있는 재정이나 경제 정보를 찾아내는 데에도 써먹어야 한다. 당신이 이것을 할 수 있다면 당신의 솔루션이 제공하는 특징과 이익을 더욱 긴밀하게 연계하여 궁극적인 비즈니스 목표를 달성하게 할 수 있다.

3. 결점을 능가하는 장점을 내세워라

당신의 제품이나 서비스가 가진 이익, 특히 고객이 이미 받아들인 큰 그림을 실현하는 이익을 반복해서 말할 필요가 있다. 그런 이익에는 다음과 같은 것이 있다.

· 고객이 높은 우선순위로 생각하는 니즈를 충족하는 이익
· 당신의 경쟁업체가 제공할 수 없는 이익
· 숨겨진 또는 확인되지 않은 니즈를 충족하는 이익

결점을 능가하는 장점을 내세우는 것에 성공한 것 같으면 "다른 장점들을 모두 고려해보시고 나니 표준 서비스 기획을 좀 더 편안한 마음으로 생각하실 수 있겠습니까?"와 같은 말로 고객에게 확인을 한다. 아직까지도 해당 결점을 고객이 주요 장애로 여기는 것 같다면 "고객

님께서 품질보증 요건이 만족스럽지 않은 제품의 구매를 꺼리는 것을
이해합니다. 결정을 내리시기 전에 몇 가지 질문을 더 드려도 되겠습
니까?"와 같은 말로 탐색을 계속할 수 있도록 허락을 요청하라.

이런 경우, 고객이 추가 니즈를 깨닫게 하는 정보를 밝혀내는 것이
좋다. 그런 다수의 니즈는 당신의 제품이나 서비스로 충족할 수 있는
것들이다.

결점에 대한 지적을 해소하면 당신이 고객에게 제시할 수 있는 이
익을 강화하는 데 도움이 된다. 그럴 경우 고객은 상황을 다른 시각에
서 보고 어떤 니즈가 가장 중요한지 판단할 수 있게 된다.

어느 최고 세일즈맨이 우리에게 말해준 일화를 소개한다.

그녀는 지역 메르세데스 벤츠 대리점에서 구매자에게 가격이 높은
벽지를 사라고 설득하는 중이었다. 그 사람이 "네, 당신이 소개한 벽지
가 더 좋아 보이는 건 맞아요. 그렇지만 다른 벽지 중에 괜찮아 보이면
서도 가격이 더 싼 게 있더라고요"라고 말하자 그녀는 "저런, 고객님께
서 그렇게 말씀하시다니 놀랍군요"라고 대답했다. 고객이 "뭐가요?"라
고 묻자 그녀는 잠시 뜸을 들였다가 이렇게 말했다고 한다.

"고객님께선 메르세데스 벤츠 그 자체 아니십니까."

메르세데스 벤츠 대리점의 그 구매자는 결국 그 벽지를 구입했다.
고객이 자신의 회사와 같은 방식으로 행동하는가? 그렇지 않다면 그
런 방식을 살짝 돌려 표현해주면 도움이 될 수 있다.

4. 또 다른 기법

• **고객의 입장에서 생각하라.** 결점을 지적했을 때 이를 효과적으로 처리하는 좋은 방법 중 하나는 고객이 그에 대해 어떻게 느끼는지를 고객의 입장에서 경험해보는 것이다. 당신이 고객이 되었다고 가정하고 당신 회사의 다른 세일즈맨과 함께 역할극을 해본다. 당신이 모든 니즈에 충족하지 않는 제품을 살 것인지 여부를 결정하는 고객이 되었다고 가정하는 것이다. 불완전한 솔루션을 선택할 때 당신의 기분은 어떠한가? 결점이 있는 제품이나 서비스를 구매해야 할 때의 기분은 어떠한가?

• **필요하다면 고객에게 나중에 다시 연락하라.** 결점에 대한 지적을 항상 장점과 단점으로 뚜렷이 나누어 처리할 수는 없다. 당신 역시 언제나 결점이 지적되자마자 곧장 해결할 수 있는 것은 아니다. 고객에게 특정 니즈를 충족할 수 있는지 아닌지 정직하게 말할 수 없다는 생각이 들면 솔직히 말하라. 당신 회사의 다른 사람들과 상의를 해본 후에 명확히 대응할 수 있다고 말하거나 고객을 그런 사람들에게 직접 소개해주는 것이다.

• **세일즈 실패를 각오하라.** 결점에 대한 지적을 해소할 때 당신의 목표는 고객의 눈을 가리거나 속이는 것이 되어서는 안 된다. 이런 전술은 고객이 당신의 제품이나 서비스의 결함을 알아차리는 순간, 바로

역효과를 낳는다. 고객의 결정적인 니즈를 충족할 수 없다면 그렇다고 말하라. 그런 말을 하면 해당 비즈니스에서 성공하지 못하더라도 말이다. 장기적으로 볼 때 당신의 신용과 당신 회사 조직의 신용을 보호할 수 있다면 지금 당장의 세일즈를 희생하는 것이 낫다. 경쟁업체에서 자신의 역량을 부풀려서 과장된 약속을 하는 것을 본 적이 있는가? 그것은 그 업체가 약속을 지키지 못할 위험에 처했다는 의미이며, 앞으로 당신에게 비즈니스 기회가 찾아올 것이라는 뜻이기도 하다.

회의주의자를
극복하라

저는 한 회사의 세일즈 외근 직원이 그 회사의 회계 소프트웨어에 대해 설명하는 것을 듣고 있었습니다. 그는 "설치만 하면 바로 사용하실 수 있습니다"라고 자랑스럽게 주장하더군요. 시간을 잡아먹고 비싸기만 한 통합 서비스를 이전에도 써본 적이 있어서 저는 그 소프트웨어에 그다지 마음이 끌리지 않았습니다. 그래서 저는 "그 소프트웨어가 우리 회사의 시스템에서 잘 작동할 것이라는 보장이 있나요?"라고 물었습니다. 그랬더니 "설치만 하면 바로 사용하실 수 있습니다"라고 아까 했던 말을 반복하더군요. 아까보다 좀 더 천천히, 한 단어, 한 단어 힘주어 발음하는 게 꼭 못 알아듣는 두 살짜리 애한테 말하듯 하는 겁니다. 당장 그 사람을 사무실에서 내쫓고 싶은 충동을 느꼈지만 꾹 참고,

지금 바로 할 일이 있으니 이쯤에서 끝냈으면 좋겠다는 변명을 생각해냈지요.

세일즈맨은 언제, 어디서든 회의적인 고객을 만나게 마련이다. 프레젠테이션을 하고 났더니 고객이 "별로 내키지 않는군요"라고 말하거나 "다른 업체에서도 그 정도 얘기는 다 했습니다"라거나 "유감이지만 정말로 그렇게 될 거라는 생각이 들지는 않네요"라고 대꾸할 수도 있는 것이다.

회의주의는 부정적인 구매 태도이기는 하지만 고객이 부분적으로는 관심을 갖고 있다는 것을 의미하는 경우가 많다. 고객이 회의적인 태도를 보이는 것은 대개 당신의 제품이나 서비스가 당신이 말한 대로 이익이 있는지를 재확인해주기를 바라는 것이며, 당신에게서 좀 더 많은 설명을 듣기를 원한다는 신호이다.

나는 고객이 내 제품의 역량을 의심하면 직접 조사를 해보아도 좋다고 말하거나 고객을 시연에 초청하겠다고 말한다.

회의주의에 맞닥뜨릴 때면 그런 의심 뒤에 숨은 진짜 관심사를 찾아 탐색하고 적절히 입증하라. 어떤 종류의 입증이 가장 납득이 가는지를 결정하는 과정에서 고객이 당신을 이끌도록 하고, 고객의 의심이 사라졌는지를 언제나 확인해야 한다.

1. 단지 까다로운 고객일 뿐인가?

모든 세일즈맨에게 회의적인 태도를 보이는 고객도 있다. 이런 고객은 심지어 까다롭게 구는 것에 자부심을 느끼기도 한다. 이런 사고 방식을 구성하는 요인에는 여러 가지가 있다.

• 세일즈맨은 믿을 수 없다는 신념. 모든 세일즈맨은 기본적으로 비윤리적이므로 판매를 위해서는 뭐든지 한다는 생각을 갖고 있는 사람들이 있다. 이런 태도에 대처하는 것은 힘든 일이지만, 이들도 과거의 경험 속에 이렇게 생각하게 된 마땅한 이유가 있을 것이라는 점을 명심해야 한다.

• 권위를 세워야 한다는 필요성. 어떤 사람들은 자신을 힘 있는 사람으로 포장하면 세일즈맨들이 자신을 이용해 먹지 못할 것이라고 생각하기도 한다.

• 되도록 최선의 계약을 하고 싶다는 욕구. 세일즈맨이 한 모든 말에 의문을 던지면 양보를 이끌어내고 유리한 계약을 할 수 있다고 믿는 사람들이 있다.

이런 생각들은 대부분 세일즈맨에 대한 옛날 이미지나 세일즈라는 직업 자체에 대한 편견에서 나온다. 세일즈맨과 고객은 어느 한쪽이 이기면 어느 한쪽이 지는 적대적인 관계라는 인식에서 나오는 것이다.

고객을 처음 만났을 때부터 세일즈맨으로서 전문성과 정직성을 보여주고, 상호 관계를 원한다는 사실을 알려야 이런 종류의 편견에 대응할 수 있다. 당신이 고객을 돕고 싶어 한다는 점을 보여주고, 진정으로 고객의 니즈를 충족하는 데 집중한다면 당신을 고객의 적이나 귀찮은 존재가 아닌 믿을 수 있는 자원으로 만들 수 있다.

2. 회의주의의 원천을 살펴라

회의주의는 대부분의 경우 관심이 있다는 뜻이다. 고객이 당신의 제품이나 서비스의 특정한 특징이나 이익에 대해 의심하고 있다는 뜻이기 때문이다. 때로 고객은 그런 회의주의를 "그게 확실한가요?", "어떻게 믿을 수 있습니까?", "그건 전에도 들어봤는데요", "방금 말씀하신 것은 납득하기 어렵군요"와 같이 직접적인 말로 표현하기도 한다.

보디랭귀지를 파악하고 속내를 읽어내는 기술은 판매에서 중요한 핵심이 된다. 때때로 고객은 다음과 같이 속내를 드러내는 신호로 회의주의를 간접적으로 표현하기도 한다.

· **얼굴 표정:** 눈을 가늘게 뜨거나 눈동자 굴리기, 이마 찌푸리기
· **보디랭귀지:** 팔이나 다리 꼬기, 몸을 뒤로 젖히기

· **목소리:** 의문스러워하거나 높은 톤의 목소리

최고 세일즈맨은 바로 신뢰를 얻는다. 그들을 만나보면 당신도 영향을 받을 것이다. 그들은 단도직입적으로 비즈니스를 다루며, 당신을 똑바로 쳐다보면서 연락을 취한다.

고객이 직접적으로 회의주의를 표현하거나 회의적인 태도를 보인다 싶으면 "제 말에 100퍼센트 확신을 하지 못하시는 것 같습니다. 제가 말씀드린 내용 중에 마음에 걸리거나 혼란스러운 부분이 있으십니까?"와 같은 말로 즉시 이유를 물어라. 탐색을 하여 고객이 말하는 회의주의의 근원을 분리해내고 그것이 고객에게 얼마나 중요한지를 판단하라. 회의적인 고객의 관심사를 확인했다면 그것을 받아들여 당신이 고객의 말에 귀를 기울이고 있으며, 고객을 진지하게 대하고 있다는 것을 알게 하라.

3. 고객에게 입증하라

당신이 약속한 것을 실천할 수 있다는 증거를 제시할 때는 그 증거가 고객이 의심하는 영역, 즉 고객이 회의적으로 생각하는 특정 특징이나 이익과 직접 관련이 있는 것인지 반드시 확인해야 한다. 당신이 제시할 수 있는 증거의 유형과 정도는 여러 가지가 될 수 있다. 만족한 고객이 보낸 편지·사진·출판물 등으로 회의적인 고객을 만족시킬 수도 있지만, 그렇지 못할 수도 있다. 구체적인 결과를 인용하는 장기고객의 추천서는 일반적인 칭찬이 담긴 편지보다 더 나은 증거물이 된다.

회의적인 고객에게 기꺼이 당신 제품의 장점을 말해줄 수 있는 고객의 목록은 실패 가능성을 크게 줄여준다. "현재 저희 제품을 사용하시는 다른 경영진급 고객님들과 이야기해보시겠습니까? 여기 전화번호가 적힌 명단이 있습니다. 이분들께서 저희 제품의 장점에 대해 기꺼이 설명해주실 겁니다"와 같은 말로 고객을 이끌어라. 어느 성공적인 세일즈맨은 우리에게 다음과 같은 얘기를 들려주었다.

"아무리 노력해도 회의주의를 극복할 수 없었던 가망고객이 있었습니다. 그런데 꾸준히 노력하다 보니 갑자기 좋은 생각이 떠올랐어요. 우리 제품에 가장 크게 만족하는 고객 중 한 분이 처음에는 똑같은 문제에 대해 회의적이었다는 사실이 생각난 겁니다. 저는 그분에게 부탁해서 그 가망고객에게 전화를 좀 해달라고 했습니다. 그분이 어찌나 열성적이었던지 그 가망고객은 납득을 했고, 덕분에 계약이 성사되었지요."

시험 삼아 당신의 제품이나 서비스를 고객이 써보게 하는 것도 고려해볼 수 있다. 환불을 보증해주는 것도 한 가지 방법이다. 어떤 경우든 어떤 증거가 나와야 만족스러울지를 고객과 미리 합의해야 한다. 당신의 주장을 입증할 필요가 있을 때에는 어떤 정보가 필요하며, 어떤 정보를 문서화해야 하는지를 명확히 한다.

어떤 입증 자료를 사용했든 간에 증거를 제시한 후에는 고객에게 확인을 하고, 고객이 그 증거를 관련성이 있고 타당하다고 받아들였는지를 점검해야 한다. 이것이 끝나면 고객과 당신 모두 그 문제는 해결한 것으로 처리하고 세일즈 과정을 계속 진행할 수 있다.

4. 또 다른 기법

• **성공적인 세일즈를 문서화하라.** 오늘날 고객은 그 어느 때보다 지식이 많고 요구사항도 많다. 또한 당신이 말하는 모든 것에 의문을 품으려 한다. 그래서 입증 자료, 즉 세일즈를 진행하는 동안 회의주의에 직면했을 때마다 즉각 꺼내볼 수 있도록 증거 데이터베이스를 개발하는 것도 좋은 아이디어다. 이전 고객 또는 기존 고객과 성공적인 거래 결과에 대한 보고서까지 포함하여 문서화한 다음 주기적으로 갱신해야 한다.

• **고객의 보증을 요청하라.** 고객의 의심을 푸는 데는 인쇄물보다 고객 중 한 명이 이야기를 들려주는 게 훨씬 효과적이다. 고객에게 도움을 준 세일즈를 성사할 때마다 그 고객에게 자신이 성취한 것을 명확하게 드러내는 서면 보증서를 써달라고 요청하라. 이것보다 더 좋은 것은 만족한 고객 목록에 고객의 이름과 전화번호를 올리고, 그 목록을 가망고객에게 보여줘도 좋다는 허락을 얻는 것이다.

• **제3자의 지원을 구하라.** 평판이 좋고 사심이 없는 제3자, 즉 무역협회나 비즈니스 감시 단체의 확인을 제시할 수 있다면 고객은 당신이 하는 말을 100퍼센트 믿을 것이다. 이와 동일하게 효과적인 방법은 비즈니스 간행물로 하여금 당신의 제품이나 서비스를 테스트하거나 검토하도록 하는 것이다. 그리고 그들의 평가를 제품 문헌 목록에 넣어둔다.

• **일반적으로 제기되는 의혹을 카탈로그로 만들어라.** 동일한 제품이나 서비스를 오랜 기간 동안 판매하다 보면 고객이 판매 주기 중 동일한 시점에 동일한 특징과 이익을 놓고 의심하는 경향이 있음을 알 수 있다. 그러므로 세일즈 전화를 좀 더 효과적으로 준비하려면 고객이 일반적으로 제기하는 의혹과 그에 가장 잘 대응할 수 있는 증거를 목록으로 만들어두는 것이 좋다. 새로운 증거가 나올 때마다 목록에 추가하라.

남은 관심사에 대해
협상하라

저는 소프트웨어 시스템을 소개하는 세일즈맨과 협상을 시작했습니다. 표준 계약서에는 무료 업그레이드 기간이 3년이더군요. 하지만 저는 5년을 원했고, 결국 그렇게 계약했습니다. 그 다음은 전화 상담보다는 현장 기술 지원을 원했기 때문에 그것에 대해 협상했습니다. 여기에 한 시간 넘게 썼지요. 세일즈맨은 가격을 제시하고 저는 흥정을 했습니다. 그런데 그 다음으로 세일즈맨이 전체 시스템에 대해 설명하는 걸 듣는데, 그 시스템 자체가 우리 회사에 안 맞는다는 걸 깨달았습니다. 한마디로 그때까지 협상한 게 완전히 시간 낭비였던 겁니다!

성공적인 협상은 인내심과 지구력, 갈등을 처리하는 능력, 위험을 감수하는 정신력을 요구하는 예술이자 과학이다. 당신의 협상 기술이 늘수록 고객과 상호 이익이 되는 합의에 도달하고 계약에 성공할 가능성은 더 높아진다. 거의 모든 것이 협상 대상이 되지만, 본질적으로 중요한 것은 신중하게 계획을 세우고 협조 분위기를 만드는 것이다. 또한 양보도 협상이라는 게임의 일부다. 당신의 목표는 고객과 장기적으로 이익을 창출하는 관계로 발전하는 것임을 항상 명심해야 한다.

1. 먼저 조건적 합의에 도달하라

고객에게 제시한 내용과 고객의 니즈 사이의 차이점을 협상으로 극복할 수 있다. 하지만 고객에게서 조건적 구매 합의를 받아내기 전까지는 협상을 시작해선 안 된다! 합의가 된 다음에는 논의할 차이점은 무엇이며, 어떤 차이점부터 이야기할지 순서를 합의해야 한다. 이 의제를 정할 때 가장 좋은 방법은 당신이 생각하기에 해결하기 가장 쉬운 차이점부터 시작하는 것이다. 쉬운 차이점을 해결하면 탄력이 붙고 좀 더 까다로운 문제를 다루는 데 동기부여가 된다.

협상 대상이 되는 각 이슈마다 탐색을 실시하여 고객의 포지션을 드러내라. 먼저 고객의 '어떤' 니즈가 충족되지 않고 있는지를 파악하고, '왜' 그것이 고객에게 중요한지를 확인한다. 그 다음으로 고객이 당신의 니즈를 파악하게 하라. 그렇게 하면 왜 당신이 특정 니즈를 충족하기 어렵거나 불가능한지를 고객이 이해하는 데 도움이 된다.

세일즈맨은 협상에 능해야 한다. 일이 빨리 진행되지 않을 때는 물론이고 자신이 원하는 대로 솔루션을 협상하고 타협안을 협상할 줄 알아야 한다.

2. 대안을 탐구하라

협상을 통해 차이점을 해소하기 위해서는 '만약 ~이라면' 시나리오로 고객을 탐색하면 당신과 고객 양쪽이 수용할 수 있는 대안을 찾는 데 도움이 된다(예: 가격이나 지불 조건 변경, 새로운 판매 조건). 다음과 같이 가설을 설정하는 질문을 고객에게 던져 각 대안의 실행 가능성을 테스트해보라.

- "이러면 어떻겠습니까?"
- "이런 방식으로 해보면 어떻겠습니까?"
- "저희가 ~ 하면 도움이 되겠습니까?"
- "저희가 ~ 한다면 어떻게 생각하시겠습니까?"

고객은 언제나 당신이 자신을 위해 무엇을 할지 알아보기 위해 당신을 테스트한다.

논의를 하는 동안 고객에게 제안을 받거나 좋은 아이디어를 낼 수 있는 고객의 동료나 직원을 데려오도록 한다. 또한 당신 역시 당신 회사의 직원 중 브레인스토밍에 능하거나 비슷한 협상을 해본 경험이 있는 사람을 데려올 수도 있을 것이다.

성공적인 협상의 핵심은 창의성과 융통성이다. 대안을 브레인스토밍할 때는 마음을 열고 가능한 한 많은 옵션을 생각하도록 노력한다. 당신이나 고객이 융통성을 많이 발휘할수록 양쪽이 실행 가능한 대안을 찾아낼 가능성이 커진다.

당신이 노트북을 판다고 가정해보자. 그런데 고객은 노트북을 구매하는 것이 아니라 일정 기간 동안 임대하기를 원한다. 당신은 이 고객이 경쟁이 치열해지는 가운데 세일즈 성과를 개선하는 것이 이 니즈 뒤에 숨은 진짜 이슈라는 점을 파악했다. 그러면 당신은 당신이 파악한 이 지식을 판매에 활용할 수 있다. 예를 들어 24시간 온라인임을 강조하면서 구매에 대한 합의점을 제시하거나 경쟁 관계가 아닌 다른 공급업체와 협력해서 완전히 고객 맞춤형의 노트북 솔루션을 개발할 수도 있다. 또한 혁신적인 솔루션을 고객과 협력하여 만듦으로써 새로운 파트너십을 형성하고, 장기적 관계의 토대를 만들 수도 있다.

아이디어가 떠오르지 않거나 교착 상태에 처했더라도 패닉에 빠지지 마라. 가끔은 잠시 떨어져서 휴식을 취하거나 속도를 조절하면 나중에 다시 일을 시작하는 데 도움이 된다. 커피나 점심식사를 제안하거나 문제가 되는 이슈를 잠시 미해결인 채로 놓아두고 다른 이슈부터 해결하는 것도 좋다. 새로운 문제 해결 기법을 도입하여 당신의 창의성을 재충전하는 방법도 있다. 아니면 브레인스토밍이나 피시본차트(하나의 뼈대 아래 시각적으로 표현하여 문제점이나 결과에 대한 잠재 원인을 찾을 때 사용하는 도표. 발생 원인이 가지처럼 나열되어 모양이 물고기 뼈와 비슷함) 같은 오래된 표준 방식을 사용해도 좋다.

어떤 대안이든 고객과 당신이 모든 차이점을 탐색한 후에 적용하도록 한다. 그 이유는 상호 배타적인 대안이 있는 경우도 있기 때문이다. 예를 들어 당신이 설비를 설치하는 동안 네 명의 기술 고문관을 보내기로 합의했으나 나중에 가격을 협상하고 나자 두 명밖에 보낼 여력이 되지 않는 상황도 있을 수 있다. 어떤 대안이 당신과 고객 모두가 수용 가능하다는 것이 입증되어도 완전한 합의에 이르기 전까지는 보류해두어야 한다.

최고 세일즈맨은 항상 긍정적으로 생각하며, 계속해서 더욱 혁신적이고 더욱 독특하며 고객에게 더 많은 가치를 가져다주는 솔루션을 제시하기 위해 노력한다. 최고 세일즈맨은 문제 지향적이 아니라 솔루션 지향적이다.

3. 양보는 신중하게 고려하라

때로는 돌아오는 것 하나 없는 양보를 하더라도 당신과 고객의 차이점을 극복할 수 있다. 그러나 양보를 마구 남발해서는 안 된다. 양보를 너무 많이 하면 수익성이 떨어지거나 좋지 못한 선례를 남길 수 있다. 그 고객은 앞으로도 비슷한 수준의 양보를 기대하게 되며, 다른 고객 또한 똑같은 양보를 요구할지도 모른다.

양보를 하는 것은 고객의 '모든' 요구사항을 알아내고 파악한 후가 되어야 하며, 양보를 한 후 실수를 저질렀다고 판단하면 고객에게 사실대로 말하고 협상을 다시 하자고 요청해야 한다. 양보 남발을 피하려면 다음의 두 가지 협상 전술을 써보라.

• **차이점을 나눈다.** 당신의 포지션과 고객의 포지션 사이에서 서로가 수용할 수 있는 중간 지점을 찾는다. 예를 들어 고객은 12개월 보증을 원하지만 당신은 일반적으로 6개월 보증을 제시한다고 가정하자. 그러면 차이점을 작게 나누어 고객에게 9개월 보증을 제시할 수 있다.

• **대립 요소 사이의 균형을 유지한다.** 고객에게 원하는 것을 주는 대신 그에 상당하거나 더 많은 가치를 주는 것을 받아라. 예를 들어 고객에게 가격을 10퍼센트 깎아주는 대신 고객이 할부 없이 전 금액을 내는 것으로 타협할 수 있다.

고객의 니즈를 잘 이해하고 그에 대응하기 위한 융통성과 능력이
뛰어날수록 성공적인 세일즈맨이 될 가능성이 높아진다.

4. 또 다른 기법

• **협상이 있을 것에 대비하라.** 예정된 미팅에서 협상을 하면 해당 상
황을 분석하고 대안을 개발하여 협상을 미리 준비할 여유를 가질 수
있다. 하지만 때로는 세일즈 전화를 하면서 즉석에서 협상을 해야 할
때도 있다. 이런 즉흥적인 협상에 대비하려면 항상 세일즈 전략에서
협상 기획을 개발해야 한다. 세일즈를 시작하기 전에 당신이 할 수 있
는 것과 양보해서는 안 되는 것을 파악하라.

• **고객의 협상 권한을 확인하라.** 당신이 접촉하는 사람이 임시 구매
합의를 변경할 권한이 있는지를 확인하기 전까지는 협상을 시작하지
마라. 예를 들어 당신이 접촉하는 사람이 구매팀의 일원처럼 혼자 일
하는 경우가 아니라면 다른 의사 결정자가 지금의 세일즈에 관여하는
지를 알아보고 그들이 논의에 참여하도록 요청한다.

• **고객의 니즈에 우선순위를 부여하라.** 모든 고객은 다양한 니즈를 갖
고 있고, 그중에는 다른 니즈보다 중요한 니즈도 있다. 따라서 어떤 니
즈가 우선순위가 더 높은지를 알면 협상에 도움이 된다. 고객과 함께

어떤 니즈를 반드시 충족해야 하고 어떤 니즈는 그렇게 다급하지 않은 지를 판단한다. 이렇게 하면 양보나 요소 간의 균형이 가능한 부분을 정할 수 있으며, 절대 협상해서는 안 되는 이슈를 확인할 수도 있다.

• **회사 내부의 협상을 수행하라.** 때로는 당신 회사 조직의 승인이 없 이는 고객에게 양보하거나 균형을 제안할 수 없는 경우도 있다. 이런 상황에서는 당신이 고객의 변호자가 되어 내부에서 협상을 해야 할 수도 있다. 내부 협상에서 성공을 거두기 위해서는 당신의 상사에게 현재 진행하고 있는 세일즈 합의사항을 알리고, 당신이 최종 세일즈 합의를 성취하는 데 도움이 되는 사람과 건강한 관계를 유지하며, 당 신이 이끌어낸 합의에 영향을 미칠 수 있는 회사 조직의 변화를 전부 파악하고 있어야 한다. 한 세일즈맨은 다음과 같이 말했다.
"저는 고객의 사무실에 있을 때면 회사를 대표하는 입장이 됩니다. 그 리고 회사에 있을 때는 고객을 대표하는 입장이 됩니다."

• **언제 그만두어야 할지를 파악하라.** 어떤 협상에서든 떠나야 하는 지 점을 설정해두어야 한다. 즉, 언제 더 이상 협상을 하지 않고 그만두어 야 할지를 정해두는 것이다. 해당 세일즈의 가치보다 더 많은 시간을 협상에 쓰고 있거나 고객이 요청한 양보가 너무 까다롭거나 해당 세 일즈의 이윤 폭이 수용하기 힘들 만큼 낮다면 협상을 그만두는 편이 낫다. 물론 해당 관계를 보존하기 위해 할 수 있는 모든 조치를 취해야 하지만, 고객과 당신 모두에게 이익이 되지 않는 세일즈에 시간을 낭

비해서는 안 된다.

세일즈맨이 자신의 시간이나 고객의 시간 가치를 제대로 평가하지 못하는 경우가 있다. 세일즈가 이루어지지 않았을 때 언제 그만두어야 하는지를 파악하는 것은 매우 중요하다.

계약을 성사시키고 싶은 마음에 수용하기 힘든 조건에 서명하는 바람에 그 계약이 끝나는 날까지 후회했던 경험이 있는가?

장기적인 파트너십

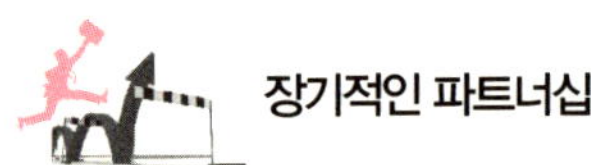
장기적인 파트너십

충실한 고객을 만들기 위해 반드시 필요한 것은 끈기와 '현명한 영업' 접근법이다. 하지만 고객과 파트너십을 쌓는 과정에서 대인관계의 기술은 매우 중요하다. 실제로 훌륭한 관계를 맺고 있는 고객과 공급업체 사이에는 다음과 같은 특징이 있다.

- **친밀한 라포.** 상호 이해가 있다. 서로의 목표가 무엇인지 잘 알고 서로 어떻게 협력해야 할지 알고 있다.

- **원활한 의사소통.** 자주 그리고 솔직하게 소통하며 문제와 맞닥뜨리는 것을 주저하지 않는다. 오래 지속되는 파트너십에는 격식이 없는 관계와 원활한 의사소통이 있다. 생각한 것을 서로 털어놓을 수 있는 사이다.

- **개인적 차원.** 같이 일하는 것을 즐기고 서로의 성공을 위해 노력한다.

정직성·상호존중·공통의 목표를 이루고자 하는 욕구를 바탕으로 동등한 관계를 맺고 고객을 진정한 파트너로 대우하라. 초청을 받으면 고객의 의사 결정 과정에 참여하고 고객과 같이 일하라. 고객의 문제에 가장 적절한 솔루션을 찾은 다음 어떤 솔루션을 제시할 것인지 확인하라.

고객과 파트너십을 만들면 그 이점은 말할 것도 없이 분명하다. 당신이 현재 판매를 하는 중이라면 고객을 유지하는 것이 새로운 고객을 찾는 것보다 이익이라는 사실을 잘 알 것이다. 하지만 여기서 핵심 단어는 '이익이 될 수 있다'는 것이다.

위에서도 언급했지만, 모든 고객과 믿을 만한 비즈니스 조언자 관계를 만들기 위해 노력하는 것이 반드시 좋은 것은 아니다. 모든 고객과 파트너가 된다는 것은 가능하지도 않고 바람직하지도 않다. 아무런 보상도 없는 관계를 유지하고 싶어 하는 사람은 아무도 없으며, 어떤 장기 고객은 시간을 너무 많이 잡아먹거나 많은 것을 양보해야 한다. 이런 비즈니스는 당신이 투자한 만큼의 수확을 얻을 수 없다.

그러므로 이익이 될 수 있는 고객 관계를 확인하고 고객과 가망고객을 분류하여 시간과 여타 자원을 투자하여 가장 크게 수확할 수 있는 전략을 개발하는 것이 필요하다.

최고 세일즈맨은 파트너십이 자신의 회사의 비즈니스 계획과 맞지 않을 경우 그 고객을 포기하는 능력이 있다. 외부적으로 "안 됩니다"라고 말하는 방법을 알고 있으며, 사람들을 잃지 않고 관계를 유지할 수 있는 방법을 알고 있다.

고객 평가를 당신의 세일즈 전략에 포함하라. 많은 회사 조직에서 시장을 분할하듯 당신도 고객을 분할하라. '알맞은' 고객 충성도를 이끌어내기 위해 열심히 노력하라. 그리고 자신에게 '어느 고객이 가장 큰 이익을 줄 수 있을까?', '어느 고객이 가장 큰 잠재력을 가지고 있을까?', '어느 고객이 우리의 수익과 이익을 올려줄까?'와 같은 질문을 던져라.

고객이 파트너가 될 만한 가치가 있다면 당신의 제품이나 서비스를 고객사의 비즈니스 목표에 연계할 수 있도록 모든 수단을 강구하라. 고객의 영업 전략·기업 문화·비즈니스 과정에 대한 깊은 지식을 갖추면 그 고객의 장기적 계획에 들어맞는 혁신적이고 고객맞춤형 솔루션을 개발하는 데 도움이 된다.

무엇보다도 최고 세일즈맨들이 들려주는 다음과 같은 경고에 귀를 기울여라. 절대 현실에 안주하지 마라. 고객의 만족과 고객의 충성심을 혼동하지 마라. 당신의 고객이 만족한다고 해서 그 고객이 당신과 계속 비즈니스를 할 것이라는 보장은 없다. 특히 경쟁업체가 괜찮은 인센티브를 제공한다면 더더욱 그렇다.

01

비즈니스를 수행할
권리를 유지하라

최근 우리 회사는 정리해고의 칼바람이 한바탕 불었습니다. 덕분에 저는 기존 업무 외에 세 가지 기능을 더 떠맡게 되었지요. 그래서 세일즈맨들을 대할 시간도 줄어들었습니다. 이전에는 그들과 잡담도 나누고 점심도 먹고 미팅도 길게 가졌지만 지금은 그렇게 하기가 힘듭니다. 제가 수행해야 할 업무가 너무 많은데, 몇몇 판매자는 지나치게 수동적이라 같이 일하기가 매우 힘듭니다. 그들이 저한테 먼저 가치를 제시해서 좀 편하게 해주든가 아니면 그냥 가버렸으면 좋겠어요!

세일즈맨은 더 이상 주문을 접수하기만 하는 사람이 아니다. 이제는 고객과 우호적인 관계를 만들고 비즈니스 상담 관계를 창출할 줄도 알아야 한다. 최근 한 세일즈맨이 우리에게 다음과 같이 구매 행위 연구에 대한 조언을 해주었다.

"이젠 골프를 같이 치고 우정을 유지하는 것만으로는 고객의 충성 심을 보장받을 수 없게 되었습니다."

당신이 오늘날 세일즈 환경에 있는 세일즈맨이라면 고객과 비즈니 스를 수행할 권리를 계속해서 유지할 수 있어야 한다. 고객에게 유익 한 자원 또는 상담자로 남고 싶다면 고객의 즉각적이고 장기적인 목 표, 문제, 니즈에 대해 당신이 지식을 가지고 있음을 보여주어야 한다. 그리고 고객이 비즈니스를 수행하는 문화와 방식에 대해서도 세심하 게 배려해야 한다. 우리의 연구에 참여한 한 세일즈 간부는 다음과 같 이 말했다.

"오늘날 세일즈맨은 그 어느 때보다 많은 비즈니스를 수행해야 하 고 업계 지식도 많이 알아야 합니다. 뿐만 아니라 자신이 알고 있는 것 을 명확히 표현하고 그것을 고객의 상황에 맞출 줄도 알아야 합니다."

위에서 묘사한 '골프와 우정' 접근법과 '고객 상담자' 역할 접근법의 차이는 〈그림 1〉과 같이 세일즈 영향의 사다리로 나타낼 수 있다. 이 모델은 세일즈맨이 자신의 행동이 고객 관계에 어떤 영향을 미치는지 를 시각적으로 나타낸 것이다. 사다리에는 다섯 개의 가로대가 있으 며, 순서대로 보면 세일즈 방문객, 가격을 내세우는 판매자, 콘텐츠를 내세우는 판매자, 니즈를 충족시켜 주는 판매자, 믿을 수 있는 비즈니 스 조언자가 있다.

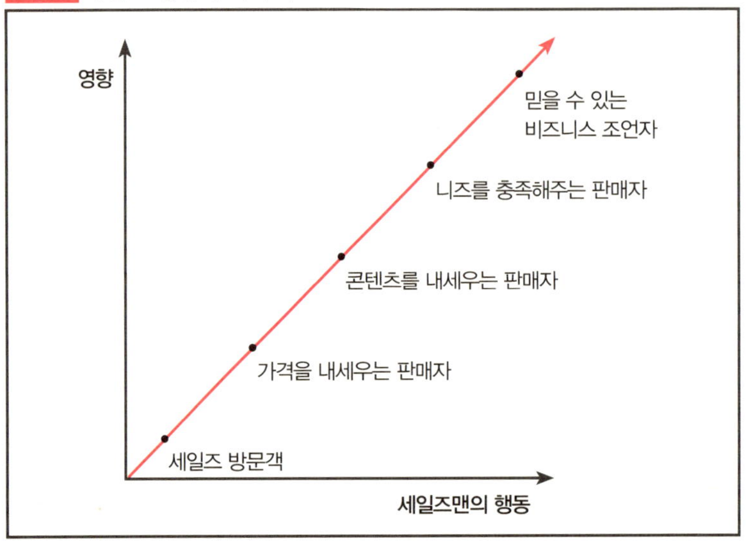

1. 당신은 거래 수준에서만 판매하고 있는가?

가장 낮은 판매 수준은 상품과 서비스를 돈과 교환하는 것, 즉 거래를 하는 것이다. 여기에는 세 가지 카테고리가 있으며, 세일즈 영향 사다리의 낮은 부분에 해당한다.

• 세일즈 방문객: 이런 유형의 세일즈 외판원은 개인적 성향과 공통된 관심사에 따라 판매를 하며 고객의 개인적 니즈를 자주 충족해주지만 장기적이고 전략적 비즈니스 동맹을 형성하는 데는 실패한다. 이들은 문을 여는 데 우정과 여타 인센티브를 이용한다. 고객이 자신이 좋아

하는 사람에게서 물건을 사는 경향이 있는 것은 사실이지만, '세일즈 방문객' 유형은 큰 가치가 있는 자원으로 보이지는 않으므로 거래의 잠재력을 최대로 활용할 수가 없다.

• 가격을 내세우는 판매자: 이 유형의 행동은 가격 · 비용 · 계약 · 견적 위주로 돌아간다. 자신이 협상해야 하는 상황에 대해 더 많은 지식과 기술을 갖추고 있으므로 '세일즈 방문객'보다는 세일즈 영향력이 높다. 고객의 회사 조직의 재정적 니즈는 충족할 수 있으나 제품이나 서비스의 가치를 파는 데는 어려움을 겪는다.

• 콘텐츠를 내세우는 판매자: 이 유형은 제품의 지식에 집중한다. 전형적으로 자신의 제품에 대해 많은 지식을 갖추고 있고 고객에게 그것을 모두 설명하기 위해 최선을 다한다. 문제는 세일즈 프레젠테이션을 할 때 '특징 퍼붓기', 즉 기술 정보만 줄줄 늘어놓고 고객의 이익에 대해서는 별 내용이 없는 경우가 많다는 것이다.

고객은 세일즈맨을 대개 이 세 가지 낮은 등급이라고 보는 경향이 있다. 당신도 지금쯤 결론을 내렸겠지만, 이 세 등급 중 하나에 포함된다면 앞길이 험난하다. 설령 비즈니스를 성사하는 데 성공하더라도 경쟁업체에게 빼앗길 위험이 항상 존재할 것이다.

세일즈맨이 거래 가능성 때문에 거래 수준에서만 판매를 택하거나 고객이 그 편을 선호하기 때문에 거래 수준의 판매를 해야 하는 경우도 물론 있을 것이다. 이런 경우에도 실제 고객과의 교류는 거래 수준에 머무르더라도 해당 거래에 대해 전략적으로 생각하여 기회를 더 잘 확인하고 완수해야 한다.

2. 전략적으로 팔아라

세일즈 영향 사다리의 높은 수준 두 가지는 더 좋은 기술을 지니고 있다는 증거이며, 더 높은 고객 가치를 제공할 수 있다.

• **니즈를 충족해주는 판매자:** 이 유형은 판매 기술을 활용하여 고객의 니즈를 찾아낸 다음 그에 대한 대응을 조정한다. 이 유형이 제시하는 솔루션은 고객의 상황과 니즈에 직접적으로 연관된다. 특징을 언급하는 것은 같지만, 고객에게 돌아가는 이익이나 가치를 더 강조한다.

• **믿을 수 있는 비즈니스 조언자:** 이렇게 가장 높은 수준의 유형은 세일즈에 가장 강한 영향력을 미친다. 이 수준에 있는 세일즈맨은 고객이 비즈니스에서 성공하도록 돕는 데 초점을 둔다. 그 결과 고객과 진정한 비즈니스 동맹을 맺는 가장 강력한 위치에 있다. 훌륭한 세일즈맨은 고객의 피고용인 대접을 받는다. 심지어 고객의 공간에 사무실을 갖고 있는 경우도 있다.

모든 거래에서 '믿을 수 있는 비즈니스 조언자'가 될 필요는 없다. 실제로 세일즈맨은 동일한 거래 내에서도 여러 가지 구매 센터나 의사결정자에 대해 서로 다른 단계의 행동을 보여야 하는 경우가 있다.

3. 사다리 꼭대기로 올라가라

세일즈맨의 목표는 언제나 사다리 맨 위 두 가로대에 올라가는 것이어야 한다. 그러기 위해서는 세일즈맨의 역할을 더 잘 수행해야 한다(1부의 '세일즈 역할을 숙달하라' 참조). 즉 비즈니스 컨설턴트로서 전문성을 보이고, 장기 협력자로서 동지애와 지속성을 드러내며, 고객의 입장에서 자원을 조정하고, 낙관론자의 관점을 유지하며, 비즈니스 관계와 기회를 경작하기 위해 계속해서 노력해야 한다.

믿을 수 있는 비즈니스 조언자가 되는 것은 결코 쉽지 않으며 하루아침에 되지도 않는다. 먼저 장기적으로 고객과 파트너가 되는 것부터 시작하라. 파트너십에서 요구되는 신뢰를 쌓는 것과 고객이 파트너 대부분에게서 가장 많이 찾는 특질, 즉 진실성·신뢰도·좋은 품질의 제품이나 서비스를 보여줘라.

고객이 파트너로 삼고 싶은 전문가가 되려고 노력하라. 약속을 지키고, 고객의 니즈에 집중하고, 일관되게 믿을 수 있다는 점을 보여주고, 실수를 인정하라.

완전히 고객 중심이 되려면 세일즈맨은 융통성이 있고, 창의력이 있으며, 적응력이 뛰어나고, 인내심이 있으며, 고객의 비즈니스 니즈와 업계 환경에 대한 지식이 많아야 한다. 그러기 위해서는 많은 투자가 필요하다. 하지만 잠재력이 높은 거래에서는 그만큼 노력을 지불할 만한 가치가 있다. 이는 해당 고객사에서 더 많은 기회를 찾을 수 있기 때문만은 아니다. 당신의 입지를 굳혀서 경쟁업체가 아예 발을 들여놓지 못하게 할 수 있기 때문이다.

4. 또 다른 기법

• 해당 거래를 진행할 계획을 개발하라. 계획은 해당 거래와 관련된 개인에 대한 프로필을 중심으로 하되 발생 가능한 난제와 장애물을 극복하기 위한 계획도 있어야 한다. 개인에 대한 평가를 할 때는 그 사람의 행동에서 나타나는 개인적인 니즈와 조직상의 니즈 모두를 반드시 포함하라.

• 문지기를 다루는 가장 좋은 접근법이 무엇인지 판단하라. 새로운 구매 센터에서는 핵심 의사 결정자에게 접근하지 못한다면 비즈니스를 수행할 권리조차 얻지 못하게 된다. 최고 세일즈맨은 접근을 막는 문지기에게 다양한 전술을 사용한다. 그들이 쓰는 전술은 다음과 같다. 그들은 문지기가 좋아하는 자료나 편지를 보내 개인적 니즈에 호소하

고, 문지기를 세일즈 과정에 직접 끌어들인다. 또한 상급 경영자와 만나게 해주는 대신 조건 없이 일정 기간 무료 사용을 제안하는 등 매력적인 제안을 한다. 그들은 당신이 문지기의 상급자에게 접근하도록 도울 수 있는, 회사 조직 내의 다른 사람을 알아본다. 하지만 나중에 이것이 문지기의 기분을 나쁘게 해서 문제가 일어나는 일이 없도록 조심해서 행동한다.

• **해당 거래의 전략에 대한 당신의 지식을 계속해서 검토하라.** 전략상의 변화를 항상 빨리 파악해야 한다. 그런 다음 '이 변화를 주도하는 것이 무엇인지를 더 잘 파악하려면 누구와 접촉해야 하는가?', '나의 회사 조직에서는 이러한 변화를 처리하기 위해 무엇을 제시할 수 있을까?', '이 전략 또는 핵심 접촉자를 뒷받침하기 위해 내가 할 수 있는 다른 일은 무엇일까?'라고 자문하라.

동료와 함께 핵심 고객 참가자(key client player)와 당신의 접근법을 하나하나 검토하라. 때로는 당신이 사다리의 어느 가로대에 있는지 다른 사람이 가장 정확하게 말해줄 수도 있다.

02

지속적인 관계를
쌓아라

한 세일즈맨이 전화해서는 웹 기반의 회의를 용이하게 해주는 서비스에 관심이 있냐고 묻더군요. 우리 부서는 당장 예산이 부족했지만, 저는 마케팅 부서에서 그런 서비스가 필요하다고 말한 사람을 알고 있었습니다. 그래서 연락할 수 있는 정보를 알려주었지요. 그 세일즈맨은 그 후에 제가 알려준 마케팅 부서에 연락했습니다. 그러고는 소식을 전혀 듣지 못했는데, 나중에 알고 보니 마케팅 부서에서는 다른 판매자와 계약을 맺었다더군요. 그 후에 그 세일즈맨이 저에게 다시 전화를 해왔습니다. 그는 우리 부서에 예산이 남아서 계약을 할 수 있는지를 묻는 것도 아니었고, 저한테 비즈니스를 논할 시간이 있는지를 묻는 것도 아니었습니다. 왜 마케팅 부서에서 자기한테 전화하기로 해놓고 전화를 하지 않는지를 묻더군요. 제가 무슨 자기 비서나 되는 듯이 말입니다.

세일즈맨은 거래를 진행할 때마다 현재 위치를 점검하고, 현재 쌓은 관계가 어떤 종류인지, 어떻게 해야 고객사와 좀 더 돈독한 관계를 유지할 수 있는지를 알아야 한다.

훌륭한 세일즈맨은 고객 관계를 관리하여 세일즈 기회뿐 아니라 고객 충성도를 높이고, 다양한 구매 센터에서 파생되는 기회를 찾아 대응한다. 이보다 더 중요한 것은, 세일즈맨이 관계를 넓혀나가면 해당 거래에서 발생할 수 있는 어려운 문제를 사전에 파악할 수 있을 뿐만 아니라 새로운 세일즈 기회를 다방면에서 파악할 수 있다는 점이다. 그러면 믿을 수 있는 비즈니스 조언자가 될 가능성이 높아진다.

구매 회사 조직은 개인의 집합체다. 따라서 그 회사 조직과 장기적 관계를 쌓으려면 다양한 개인과 관계를 맺고 유지하며 확장해야 한다.

1. 고객과 친해져라

구매 과정에서 다양한 구매 센터나 다양한 의사 결정자, 다양한 영향력 행사자가 관여하는 고객이나 거래처를 대상으로 일할 때에는 여러 개인 고객과 관계를 가질 필요가 있다. 가장 좋은 방법 중 하나는 개인이나 그들의 영향력과 구매 과정에서의 관여 정도에 따라 그들과 당신의 관계를 분류하는 것이다. 구체적으로 말해 다음 사항들을 문서화해야 한다.

· 그들이 의사 결정 과정에 미치는 영향력과 관여도는 어느 정도인가?

· 그들이 제안서를 수집하는가 아니면 제안서를 평가하는가?

· 그들이 최종 의사 결정자인가 아니면 최종 수요자인가?

· 구매 과정이 그들의 업무 책임에서 영구적인가 아니면 일시적인가?

· 이번 결정에 영향을 미치는 것은 그들인가 아니면 다른 부서의 누군가인가?

· 그들은 누구에게 보고를 하는가? 그들에게 보고를 하는 사람은 누구인가?

현재 기존의 접촉자와 아직 만나지 못한 사람들을 포함해서 조직표를 만드는 것이 도움이 될 것이다. 조직표를 만든 다음에는 해당 회사 조직 내에 존재하는 정치 역학과 당신이 접촉하는 사람들이 대표하는 영향력의 범위를 나타내는 메모를 한다.

· 그들의 의사 결정을 이끄는 요인은 무엇인가?

· 그들의 개인적 혹은 조직상의 니즈는 무엇인가?

· 그들이 관심을 두는 것은 회사 이미지의 개선, 특정 영역에서의 성과 또는 재정상의 성과인가?

· 그들의 결정을 이끄는 개인적 요소는 무엇에 대한 니즈인가? 권력, 인정 아니면 안정성인가?

· 해당 인물과 당신의 관계는 어떤 상태인가?

· 당신은 세일즈 영향 사다리의 어느 가로대에 있으며, 어느 가로대로 가고 싶은가? 그리고 그 가로대로 가려면 어떤 일이 일어나야 한다고 생각하는가?

세일즈맨이 거래에서 만나는 다양한 접촉자들에 대해 무엇을 알고 있는지를 분류하고 문서화하면 그런 관계를 활용하여 다른 구매 센터를 소개받을 수 있고, 그들의 접촉 네트워크에서 당신이 알지 못하는 사람, 즉 공백을 확인할 수 있다. 그러고 나서 당신의 관계를 어디에서 확장할 필요가 있는지를 판단하고 나면 회사 조직의 공식적 · 비공식적 구매 과정을 먼저 살펴라. 그런 다음 공백이 있는지 확인하라.

· 이 거래에서 당신의 위치를 개선하려면 또 누구를 알아야 하는가?

· 그 공백은 영향력을 미치는 사람인가, 최종 수요자인가, 상급자인가, 하급자인가, 의사 결정자인가 아니면 문지기인가?

· 막후에 다른 사람이 더 있는가?

2. 고객의 회사 조직과 친해져라

회사 조직 내의 한 사람과 친해지는 것은 쉽다. 하지만 더 높은 수준에서 그리고 다양한 구매 센터의 사람들을 찾아 다른 부서를 탐색하고 관계를 쌓으면 더 큰 성공을 경험할 수 있다. 모든 관계는 더 넓은 고객 기반을 위한 징검다리다. 노련한 세일즈맨은 고객사 조직 전체와 관계를 쌓기 위해 끝없이 노력한다. 거래 대상 한 명, 한 명과 다양한 관계를 쌓는 것이다.

기존의 거래 대상을 더 깊이 파고 들어가면 대부분의 경우 이익이 따라올 것이다.

• 새로운 회사를 뚫는 것보다 기존의 거래 대상에 있는 새로운 구매 센터에 판매를 하는 것이 더 효율적인 경우가 많다. 당신은 이미 그 회사 조직의 목표와 전략을 알고 있고 신용을 쌓았기에 가망고객을 찾고 정보를 제시하는 시간을 절약할 수 있다.

• 더 이상 그 자리에 없는 의사 결정자를 대체할 인물을 비롯해 해당 거래의 핵심 영역에 있는 다른 구매자들을 알고 있다는 것은 미래에 당신의 보호 수단으로 작용할 것이다. 처음에 접촉한 사람들과 계속 관계를 유지한다면 그들이 당신을 모른 척하지는 않을 것이다.

• 다른 중요 의사 결정자나 해당 비즈니스의 다른 영역과 접촉을 하면 현재 고객의 다양한 목표를 더 잘 파악할 수 있고, 고객이 필요로 하는 모든 요건을 더 좋은 위치에서 다룰 수 있다.

• 기존의 경쟁업체가 아닌 예산을 두고 경쟁하는 고객사의 다른 프로

젝트에게 밀려 비즈니스를 실패하는 경우가 많다. 고객사의 돌아가는 상황을 통찰할 수 있도록 시각을 넓히면 그런 숨은 경쟁 요소를 파악하여 적절하게 대처할 가능성이 높다.

　관계를 확장하는 가장 좋은 방법은 처음 접촉한 사람들로부터 시작하는 것이다. 그들을 회사 조직 내에서 다른 사람의 소개처로 삼아 다양한 수준에서 단단한 관계를 쌓는 것을 목표로 해야 한다. 처음 접촉한 사람들을 당신 편으로 만들면 그들이 당신의 보증서가 되어줄 것이며, 해당 회사 조직 내의 다른 잠재적 구매자들에게 당신에 대해 긍정적인 이미지를 전해줄 수 있다. 만약 가능하다면 접촉자들에게 부탁해 다른 사람들을 개인적으로 소개해달라고 하라. 그러면 짧은 시간 내에 신뢰를 얻을 수 있다. 어떤 최고 세일즈맨이 말하기를 자신은 '3×3 법칙'을 쓴다고 한다. 즉 그는 하나의 거래를 할 때마다 각기 다른 세 가지 지위에서 세 명의 다른 사람들을 소개받는 것을 목표로 한다.
　당신이 접촉 가능한 수준에서 다른 부서나 기능을 이끄는 사람들과 이야기를 하는 것부터 시작하라. 그렇게 하면 해당 회사 조직의 전략적 목표뿐 아니라 생산이나 경영의 전략적인 도전 목표와 최우선으로 해결해야 할 난제를 파악할 수 있다. 이를 파악하고 나면 회사 조직 내의 높은 지위에 있는 사람들에게 접근하여 판매하는 것이 더욱 쉬워진다. 원칙적으로 당신의 관계를 활용하여 최대한 파고들어야 하며, 당신이 전화할 수 있는 회사 조직 내 사람들의 수는 언제나 많다.

고객 관계를 확장하는 것이 얼마나 최종 결과에 미치는 영향이 큰지는 쉽게 알 수 있다. 어느 회사의 거래 담당 간부는 다음과 같이 말했다.

"저는 다른 부서의 다른 설비 담당 간부에게 소개를 받았고, 그 고객에게 미치는 모든 영향을 알아내느라 시간이 좀 걸렸습니다. 그러나 덕분에 접촉할 사람이 두 명 더 생겼고 지원받을 곳도 두 곳이 더 생겼습니다. 결국 그 설비 담당 간부와는 계약을 하지 못했지만, 다른 공장의 설비 담당 간부가 저에게 전화를 했지요. 이제는 일곱 군데 공장에서 거래를 맺고 있습니다."

3. 큰 그림과 친해져라

회사 조직의 단계를 초월하면 최종 의사 결정자에게 영향을 미치고 관계를 형성하기 위해 조직의 더 높은 곳에 도달할 필요가 있을 것이다. 회사 조직 내에서 가장 높은 직급과 접촉하면 당신의 시야가 넓어지고, 믿을 수 있는 비즈니스 조언자 상태에 도달할 가능성이 높아진다. 또한 회사 조직 내 서로 다른 부서에 있는 다양한 구매 센터에 판매할 수 있는 능력이 향상되고, 내부뿐 아니라 외부에서 경쟁이 되는 요소를 알아낼 가능성이 높아진다. 그리고 그에 따라 당신의 솔루션을 맞출 수 있게 된다. 하지만 회사 조직의 가장 높은 단계에서 자리를 확고히 굳히는 데는 몇 가지 난제가 있다.

• **최초 접촉자를 따돌리는 결과가 되지 않도록 주의하라.** 당신은 세일즈를 성사하기 위해 최초에 접촉한 사람을 제쳐놓는 결과가 되지 않도록 주의해야 한다. 특히 그 최초의 접촉자가 당신을 평가하는 입장에 있다면 더더욱 그렇다. 그리고 상급 직원을 만나게 되었다고 하급 직원과의 접촉을 경시하는 일은 절대 금물이다. 당신이 접촉한 사람이 높은 단계에서 다른 자리로 이동하면 그 회사 내에서 당신을 아는 사람이 처음에 당신이 접촉했던 직원뿐인 날이 올 수도 있다.

• **말을 잘할 필요가 있다.** 당신이 만나는 사람은 제각기 서로 다른 니즈를 갖고 있다. 회사 조직 내에서 가장 높은 직급과 접촉하려면 큰 그림을 그려낼 줄 알아야 한다. 즉, 해당 구매가 현재의 비즈니스 이슈에 미치는 영향뿐 아니라 재정에 미치는 영향도 알아야 한다. 또한 이를 빠르게 해내야 한다. 가장 높은 직급의 경영진은 세일즈맨과의 미팅에 소요할 수 있는 시간이 적으므로 당신은 메시지를 간결하고도 기억하기 쉽게 전달해야 한다.

4. 또 다른 기법

• **치고 빠지는 판매 접근법은 피하라.** 세일즈맨 중에는 다음 세일즈로 넘어가고 싶은 마음이 너무 강한 나머지 현재 거래를 진행하고 있는 잠재적 구매자를 소홀히 하고, 새로운 가망고객에게로 넘어가는 사람

이 있다. 다양한 관계를 쌓는다는 것은 고객의 회사 조직 구조를 파악하고 지금 진행 중인 거래에 모든 세일즈 기회를 투자한다는 뜻이다. 현재 구매자와 유사한 니즈를 가지고 있을 여타 부서가 어디일지 자문해보라. 당신이 지금 판매를 시도하는 부서와 유사한 부서를 갖추고 있는 다른 회사가 있는가?

• **얼굴을 맞대고 판매하는 기술을 갈고닦아라.** 단지 전화 몇 통만으로 현재 진행 중인 거래에서 새로운 접촉자를 만드는 것이 가능하다 해도 직접 얼굴을 맞대는 편이 더 성공 확률이 높다. 사람들은 직접 만나서 접촉하면 당신을 더 진지하게, 즉 전화기 너머 얼굴도 모르는 목소리가 아닌 사람 대 사람으로 상대해줄 것이며, 따라서 자신의 시간과 관심을 당신에게 더 많이 내줄 것이다. 또한 누군가의 사무실로 들어가 "방금 아래층의 ○○○씨와 미팅을 가졌습니다. 그분 말씀이 선생님 사무실에 한번 들러 인사 나누는 게 어떠냐고 추천하시더군요"라고 말하면 당신의 신용은 높아질 것이다.

• **의사소통 스타일을 조절하라.** 다양한 직급의 사람들을 효과적으로 다루는 능력을 좌우하는 것은 부분적으로는 그 사람들의 회사 조직에 대한 당신의 지식이 얼마나 포괄적이냐에 달려 있다. 중간 간부와 접촉한다면 기술이나 실행상의 문제를 정확히 파악하고 있음을 내보이는 것이 좋다. 경영진과 접촉한다면 전략상의 고려사항에 집중하고 고차원의 비즈니스 이슈를 논할 수 있어야 한다.

03

팔고 나서도
헌신하라

최근에 사무실에 설치하려고 아주 복잡한 보안 시스템을 구입했습니다. 환경을 설정하고 설치하는 데만 몇 달이 걸렸지요. 그 시스템을 담당하는 세일즈맨은 제가 요청한 니즈에 맞춰 최고 시스템을 설계하고 올바른 설치를 확인하는 내내 저와 함께 일했습니다. 며칠 후에 경보 시스템에 심각한 문제가 발생했습니다. 저는 즉시 그 세일즈맨에게 전화해서 문제를 알렸지만 연락하기가 너무 어렵더군요. 결국 고객 서비스팀이 와서 시스템을 고치긴 했지만, 그 세일즈맨은 여전히 제게 확인 전화를 하지 않는 겁니다. 그러더니 한참 후에야 음성 사서함에 메시지를 남겼더군요. 문제를 해결했다는 소식을 들었다고요. 그 후 우리 회사의 다른 사무실 두 곳에서도 보안 시스템이 필요하다고 했지만,

저는 그 세일즈맨을 소개할 생각이 눈곱만큼도 없습니다.

당신도 고객으로서 어떤 세일즈맨과 다시는 연락하지 않겠다고 마음먹은 경우가 있을 것이다. 세일즈가 성사되기 전에는 당신과 가장 친한 친구인 양 굴면서 당신이 전화를 하기 무섭게 대응하고 필요할 때면 언제든 찾아오지만, 세일즈가 성사되고 난 후에는 문제가 생기면 고객 서비스 센터에 전화해야 하거나 회사 내의 다른 사람에게 연락해서 제품 사용법·특징·호환성·그에 따른 기타 여러 가지 질문에 대한 답을 구해야 한다. 물론 그것이 고객 서비스 센터의 업무이기는 하지만, 세일즈맨이 그런 일에 관여하지 않으면 세일즈맨과 고객의 관계가 위태로워질 수 있다. 미래에 당신도 고객으로서 업그레이드가 필요하거나 부가장치를 원하거나 완전히 새로운 분야의 니즈가 생기면 세일즈맨을 찾지 않겠는가.

성공적인 세일즈맨은 고객과 장기적인 관계를 맺고 관계를 돈독히 하면 어떤 이익이 있는지 알고 있다. 이런 세일즈맨은 세일즈가 성사된 후에도 해당 고객과 비즈니스를 계속할 가능성이 높고, 더 넓은 네트워크 기회를 얻을 수 있다. 아울러 고객 사이에 믿을 만하고 고객을 배려하고 열심히 노력하는 파트너라는 입소문을 타게 된다.

세일즈 후의 헌신이란 고객에게 필요한 것을 얼마나 잘 제시했느냐를 뜻하기도 하고, 고객에게 계속 정보를 보내서 제품의 변화, 고객의 비즈니스에서 일어나는 이벤트나 트렌드 중 가치가 있을 법한 점들에 대해 정보를 갱신하도록 돕는 것을 뜻하기도 한다. 무엇보다도 팔고 나서도 헌신한다는 것은 고객이 언제 다시 제품을 구입할 준비가 되었는지를 알고 그에 대비하는 것을 뜻한다.

어떤 세일즈맨은 고객에게 전화해 세일즈가 성사된 데 감사를 표하고 '필요한 것을 얻었는지'를 묻는다. 하지만 장기적인 관계를 쌓으려면 이렇게 세일즈 후에 거는 예의상의 전화보다 차원이 높아야 한다.

1. 관계의 차이를 좁혀라

성공적인 세일즈맨은 세일즈가 끝났다고 해서 자신의 일이 끝난 것으로 간주하지 않는다. 계속해서 고객과 장기적인 관계를 유지하고, 심지어 관계를 더 굳히기 위해 끊임없이 노력한다. 이렇게 관계를 강화하는 데 집중하는 것은 지금까지 세일즈맨의 역할을 정의하던 것과는 사뭇 다른 변화다.

〈그림 2〉에서 알 수 있듯이 세일즈맨은 대체로 세일즈 성사 이전에는 잠재적 고객에게 더욱 헌신적이다. 세일즈가 끝난 직후에는 고객이 좀 더 헌신적인 반면 세일즈맨은 아직 마무리되지 않은 다른 구매에 더 집중한다. 세일즈가 성사된 후 고객과 세일즈맨의 관심 수준이 이렇게 다른 것을 '관계의 차이'라고 한다. 세일즈맨이 이 차이를 지나치게 넓어지게 놔두면 고객은 새로운 비즈니스 기회가 생겼을 때 다른 곳으로 눈을 돌리게 될 것이다.

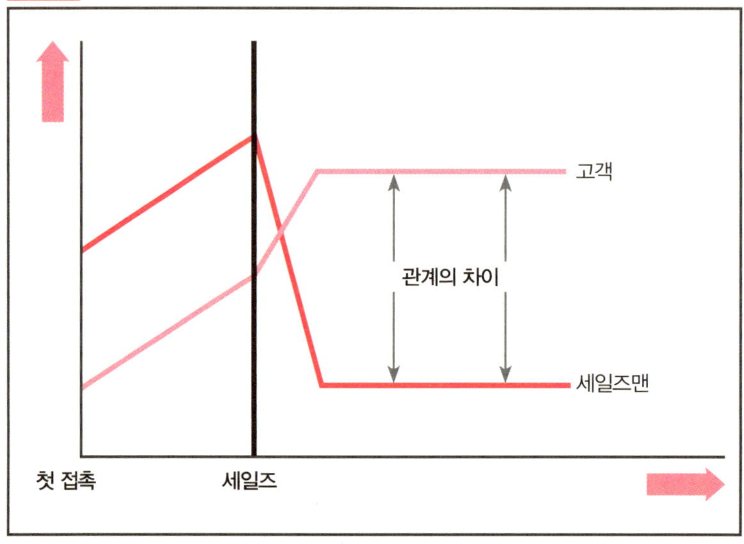

성공적인 세일즈맨은 제품을 배송하는 동안이나 그 이후에 고객이 필요한 지원과 서비스를 받고 있는지를 확인함으로써 작은 관계의 차이를 없애거나 유지하려고 노력한다.

2. 성공을 보여라

성공적인 세일즈맨은 고객과 함께 합의한 성공지표를 측정하여 결과나 상황을 평가한다. 이 시점에서 고객이 섭섭해 하거나 소외감을 느끼지 않도록 하는 게 아주 중요하다. 고객이 결과에 온전히 만족하지 않는다면 필요한 조치를 취해야 한다. 당신의 회사 조직 내에서 고객의 불만족을 해결할 방법을 찾아 해결하는 것은 당신과 고객의 관계에서 매우 중요하다. 그러면 고객은 소외당하지 않았다는 느낌을 받고 당신이 이 일에 관여하는 것을 높이 평가할 것이며, 당신을 파트너로 생각할 것이다.

이를 위해 세일즈맨이 할 수 있는 일로는 벤치마킹을 통한 지원, 수정과 조정을 위한 실행 계획 개발, 성공을 보장하기 위한 빠르고 실천 가능한 아이디어 제공 등이 있다. 또한 당신의 제품이나 서비스의 영향을 측정하기 위해 사용할 기준을 확인하는 것도 필요하다. 이런 기준은 대체로 다음의 다섯 가지 카테고리 안에 들어가는데, 당신의 가치 제의나 거래 중인 비즈니스와 관련이 있어야 한다.

1. 품질
2. 비용
3. 생산성
4. 과정
5. 고객 만족

고객에게 적합한 각 기준마다 당신의 제품이 고객의 어느 목표를, 어느 정도까지, 언제까지 성취하는 데 도움이 될지를 확인하라. 해당 목표가 고객에게 중요한지를 확인하라. 예를 들면 다음과 같다.

• **품질 목표.** 특정 시간까지 구체적인 양만큼 재작업을 줄인다. 예를

들어 '6개월 만에 4퍼센트 감소'와 같이 말이다.

• **생산성 목표.** 1년 후 시장 출시까지 드는 시간을 10퍼센트 줄인다. 계획을 개발할 때에는 새로운 기회를 확인할 방법을 찾도록 하라. 고객이 데이터를 활용하여 당신 제품의 성공을 문서화하는 내부 보고서를 준비할 수 있도록 도와라. 여기서 목표는 고객에게 제품이나 서비스에서 나오는 영향을 보여주고, 고객이 가치를 볼 수 있게 돕는 추가적인 방법을 제시하고, 고객이 더 많은 제품이나 서비스가 필요하다고 할 때 당신을 찾도록 만드는 것이다.

3. 당신의 고객에게 피드백을 받아라

성공적인 세일즈맨은 공식적으로나 비공식적으로 세일즈가 성사된 후에 고객에게 설문 조사를 실시하여 고객의 니즈가 어느 정도까지 충족되었는지를 파악한다. 이를 통해 세일즈 프레젠테이션, 세일즈맨의 고객의 니즈 이해, 여타 세일즈 전의 서비스 이슈와 같이 세일즈의 모든 행위에 대한 피드백을 받아야 한다. 또한 이와 같은 설문 조사로 배송에 대한 만족감, 세일즈맨에 대한 전반적 느낌, 제품이나 서비스가 고객의 니즈를 충족한 정도와 충족하지 못한 정도가 어느 정도인지를 측정해야 한다.

이런 정보를 활용하여 당신은 세일즈 과정을 수정해야 할 것이다.

중요한 것은 이런 피드백으로 고객의 기대치, 충족되지 않을 가능성이 있는 니즈, 어쩌면 장래 계획까지도 파악할 수 있다는 것이다.

4. 고객을 괴롭히지 말고 계속 접촉하라

고객은 대체로 세일즈맨이 관계에 신경 쓰고 있다는 것을 알면 좋아한다. 그러기 위해서는 고객이 자신을 담당하는 세일즈맨과 필요할 때 연락이 되고, 어떻게 하면 쉽게 접촉할 수 있는지 알아야 한다. 성공적인 세일즈맨은 이메일을 보내거나 정기적으로 전화를 해 고객이 어떻게 지내는지, 필요한 것은 없는지를 확인하여 고객과 장기적인 관계로 발전시킨다.

이때 너무 자주 연락하여 고객을 괴롭히지 않는 것이 중요하다. 너무 자주 연락하면 절박하다는 메시지를 보내는 것이다. 그러면 고객에게 당신은 마치 다른 세일즈 기회를 노리며 덮칠 기회만 노리는 대머리독수리처럼 보일 것이다. 연락을 할 때는 언제나 이유가 있는 것이 도움이 된다. 접촉을 유지하는 아주 효과적인 방법 중 하나는 고객에게 관련 정보나 기사를 모아서 보내는 것이다. 이 방법은 고객과의 관계를 향상시켜 줄 뿐만 아니라 당신이 비즈니스 전문가로서 믿을 만하다는 것을 보여주며, 적어도 항상 정보를 수집하고 이해하며 남과 나누려 하는 사람임을 입증해준다.

5. 관계 발전을 도모하라

고객과 함께 일하면서 결과를 최적화하고 관계를 향상하는 한편 그들을 개선할 수 있게 도울 수 있는 추가적인 방법을 찾아라. 위에서 말한 관계 개선 방법 외에도 다음과 같은 방법을 사용하면 세일즈 후에도 관계 발전을 도모할 수 있다.

· 고객의 비즈니스와 연관 있는 당신의 회사 내 발전사항을 고객과 같이 하라.
· 다른 회사 조직과 일하면서 알게 된 것을 고객과 공유하라.
· 당신이 고객의 비즈니스를 제대로 인식하고 있다는 것을 보여라.
· 유사한 이슈를 지닌 다른 고객과 네트워크 기회를 만들어라.
· 고객의 비즈니스 방향을 놓치지 말고, 항상 해당 비즈니스를 역사적 또는 조직적으로 파악하라.

세일즈가 성사된 후에도 고객 관계가 장기적으로 발전하면 세일즈가 반복될 가능성이 높다. 그만큼 고객과 가깝기 때문에 고객의 새로운 니즈나 변화하는 니즈를 파악할 수 있기 때문이다. 세일즈 후에도 고객에게 헌신하고 있다는 것을 보여주면 상호 이익 관계로 이어져 당신이 투자한 시간에 상응하는 장기적인 배당금으로 돌아올 것이다.

6. 또 다른 기법

• 고객에게 새로운 제품 개발에서 파트너가 되어줄 것을 요청하라. 고객의 현재나 미래의 니즈를 충족해줄지도 모르는 새로운 제품이나 서비스 개발에 고객을 참여시켜라. 고객의 참여와 피드백은 당신의 새로운 제품이나 서비스에 도움이 될 뿐만 아니라 당신과 고객의 연대감을 강화한다.

• 시간을 투자할 만한 가치가 있는 고객이 누구인지 주의 깊게 선택하라. 모든 고객이 장기적 파트너십을 환영하는 것은 아니다. 당신 또한 모든 고객에게 투자할 시간이 없을 것이다. 그리고 어떤 고객은 시간과 에너지를 투자할 만큼 중요하지 않다.

• 조건을 달지 마라. 당신의 헌신을 보여주는 목적은 고객과 장기간 지속되는 관계를 쌓기 위함이다. 당신이 그렇게 하는 이유가 오로지 자신의 이익을 위해서라고 고객이 생각하게 해서는 안 된다.

04

경쟁우위를
유지하라

회계를 담당할 임시 직원을 몇 명 뽑아야 할 일이 있어서 여기저기 알아보았더니 대부분의 에이전시에서 거의 똑같은 조건을 내세우더군요. 그래서 제일 큰 에이전시 두 군데에 "X 회사 말고 당신 회사와 계약을 맺어야 할 특별한 이유가 있습니까?"라고 물었습니다. 그랬더니 담당 세일즈맨이 "X 회사가 얼마나 정직하지 못하고 비윤리적이며 바가지를 많이 씌우는지…"와 같이 주절주절 늘어놓는 것이었습니다. 덕분에 저는 X 회사에 정나미가 떨어져버렸지만, 솔직히 말해 그 담당 세일즈맨의 끔찍한 태도 때문에 그 회사와 계약할 마음도 싹 사라졌습니다. 결국 저는 X 회사도 그 회사도 아닌 제3의 회사를 택했지요.

오늘날 시장은 그 어느 때보다 경쟁이 치열하며, 어느 세일즈맨도 건드리지 않은 새로운 비즈니스로 사치를 누리는 세일즈맨은 극히 드물다. 당신은 지금 계약 중인 공급업체를 쫓아내고, 그 계약을 차지하려는 수많은 회사들과 경쟁해야 할 가능성이 훨씬 높다.

경쟁이 심한 상황에서 핵심은 당신과 다른 경쟁자와의 차별점을 인식하고 그 가치를 고객에게 확실히 알리는 것이다. 그러기 위해서는 그 가치를 고객의 비즈니스 목표나 고객이 표현하는 개인적 혹은 회사 조직상의 니즈에 직접 연계해야 한다. 당신의 고객은 저마다 전략적 니즈와 비즈니스 니즈가 독특하게 결합되어 있다. 당신이 고객에게 경쟁업체가 할 수 있는 것 이상을 제시한다면 고객이 경쟁업체에게 비즈니스를 맡겨버릴 가능성은 줄어들 것이다.

하지만 경쟁우위를 유지하려면 현실에 안주해서는 안 된다. 고객의 문제를 해결할 수 있는 더욱 창의적인 솔루션을 개발하고, 더욱 가치부가적인 서비스를 제시하며, 고객을 도울 수 있는 새로운 기회를 확인하는 작업을 계속해야 한다.

우리가 이 책에서 언급한 모든 것을 인지하고, 고객과 함께 시작하

라. 3부의 '성공적인 세일즈 전화하기'에서 개요를 서술한 고객 중심 판매 기술을 사용하여 해당 고객이 무엇을 찾는지를 파악하라.

1. 상황을 파악하라

먼저 당신이 고객의 니즈의 맥락을 파악하고 있는지 확인하라. 고객은 어떻게 변화하고 있는가? 고객이 새로운 시장에 진출하고 있는가? 고객의 전략은 어떻게 변화했는가? 고객은 어떤 새로운 비즈니스 목표를 성취하려 하고 있는가? 시장은 어떻게 변하고 있는가? 고객은 현재의 비즈니스 상황에서 어떻게 해나가고 있는가? 고객에게 영향을 미치는 트렌드는 무엇인가? 고객의 고객은 어떻게 변화하고 있는가?

고객이 사용하고 있는 구매 기준을 밝혀라. 고객이 구매할 때 활용하는 기준을 정확히 파악하면 당신의 제품이나 서비스를 경쟁업체보다 고객의 입맛에 맞는 포지셔닝을 할 수 있다. 고객이 공급업체를 평가할 때 사용하는 기준을 절대로 넘겨짚어서는 안 된다. 고객의 비즈니스를 광범위하게 조사하고, 고객의 장·단기 니즈를 확인하고, 누가 구매 결정을 내리는지를 알아야 한다. 상황을 예의 주시하라. 구매 기준은 의사 결정자가 바뀌면 달라지며, 프로젝트에 따라 바뀔 것이다.

또한 해당 비즈니스에 다른 누가 경쟁을 벌이고 있는지 알아내는 것도 매우 중요하다. 내부의 경쟁을 잊지 마라. 그러기 위해서는 당신의 경쟁업체가 해당 거래에 관여하는 개인과 관계를 맺고 있는지를 알아내야 한다. 또한 해당 고객이 과거에 어떤 공급업체와 거래를 했는지를 알아내라. 고객이 왜 그 공급업체와 계약을 해지했는가? 그 공급업체가 제시하지 못한 것 중에서 고객이 원했던 것은 무엇인가?

2. 당신의 위치를 이해하라

고객의 상황을 파악하고 나면 당신의 솔루션이 지닌 특징과 이익을 고객의 개인적 혹은 회사 조직상의 니즈와 연결할 수 있을 것이다. 경쟁을 해야 하는 상황에서는 이 분석에서 한 단계 더 나아가 당신의 특징과 이익이 경쟁업체보다 고객의 니즈를 더 잘 충족할 수 있다는 사실을 보여주어야 한다.

당신의 솔루션을 경쟁업체의 솔루션과 비교하기 위해서는 경쟁업체의 제안을 잘 파악하고 있어야 한다. 경쟁업체를 연구하고 장점과 단점을 파악하라. 경쟁업체가 제시하는 제품과 서비스에 익숙해져라. 당신 회사가 당신에게 경쟁업체에 대해 최신의 정보―팸플릿·제품의 샘플·이익에 대한 데이터·스펙·가격·배달사항 등―를 제공하는지 확인하라. 이렇게 폭넓은 시각으로 경쟁업체의 장단점을 아는 것은 경쟁업체를 분석하는 데 도움이 될 뿐만 아니라 고객에게 당신의 회사와 제품 및 서비스가 믿음직하다는 인상을 줄 수 있다.

한 세일즈맨이 들려준 다음의 이야기에서 경쟁업체에 대해 잘 아는 것이 어떻게 경쟁우위에 서게 하는지를 잘 알 수 있다.

그는 우리 회사의 시스템을 쓰면 돈도 절약되고 비즈니스에서 필요한 모든 기준을 충족한다는 것에 합의했습니다. 그런데도 여전히 마음을 바꾸지 않더군요. 그건 그에게 크게 중요하지 않았고, 현재의 판매업체가 잘못하는 것이 없기 때문에 우리가 '망쳐놓으면' 큰 문제가 될 수 있었습니다.

우리는 우리와 경쟁하는 그 판매업체가 규모는 작지만 훌륭한 서비스와 낮은 가격으로 공격적인 사업을 펼치는 회사라는 것을 알고 있었습니다. 단점이라면 컴퓨터 시스템과 보고 체계에 약하고 프로그램과 제품 라인이 제한적이라는 것이었습니다. 우리는 또한 현재의 가망고객인 이 회사가 여러 해 전에 매각된 적이 있으며 지금도 매각될 상황에 있다는 것도 알아냈습니다.

저는 그에게 물었습니다.

"고객님의 회사가 다시 매각될 것이라고 말씀하셨지요. 지난번 매각에서 아마도 많은 변화가 있었을 겁니다. 그렇지 않습니까?"

그는 물론 그렇다고 말했고, 그래서 그것 때문에 트라우마가 있다고 대답했습니다. 저는 우리 회사의 시스템이 회사를 인수한 오너가 부서별로 상세한 업무 결과를 보고 싶을 경우 그 니즈를 충족할 수 있다는 것을 보여주었습니다. 그리고 현재의 판매업체가 갖지 못한 다른 역량들도 강조했습니다. 결국 그는 우리 회사의 시스템을 시험적으로 가동해보기로 했습니다.

오늘날 비즈니스에서 고객을 끌어들이고 충성도를 얻어내는 핵심은 경쟁업체와 차별화하는 것이다. 다음 질문을 자신에게 던져보라.

· 우리는 더 낮은 가격으로 동일한 이익을 제공할 수 있는가?
· 우리는 더 좋은 품질, 더 나은 서비스, 더 빠른 배송을 제시할 수 있는가?
· 우리는 경쟁업체가 하지 못하는 계약 이행을 보증할 수 있는가?
· 우리는 고객의 니즈를 더 온전히 또는 더 효율적으로 충족할 수 있는가?

고객은 제품뿐 아니라 콘셉트를 구매한다. 고객은 지불한 만큼의 가치를 원하며 자신의 비즈니스에서 더 큰 이익을 가져다줄 사람을 찾는다. 그러므로 이런 차별화는 당신의 제품이나 서비스에 내재된 특징이나 이익이 될 수도 있다(예: 보증 기간). 그것은 또한 당신 회사의 특징일 수도 있고(예: 명성), 세일즈맨으로서 당신이 노력한 결과일 수도 있다.

경쟁업체의 제품과 서비스가 더 유사해진다면 당신은 고객 관계에 가져올 수 있는 가치를 통해 당신을 차별화할 수도 있다. 즉 세일즈맨으로서 당신의 전문성을 보여주고, 당신의 지성을 문제 해결에 적용하고, 당신을 믿을 수 있는 비즈니스 자원 고객으로 만드는 것이다. 고객 관계에 도입할 수 있는 추가적 가치는 바로 당신에게서 나온다는 사실을 명심하라. 예를 들어 비즈니스 컨설턴트로서 당신의 광범위한 전문성, 세일즈 과정을 관리하는 독특한 기술, 고객의 문제를 해결한 과거의 경험 등이 그것이다.

세일즈라는 방정식에서 당신의 역할을 고려하라. 그리고 자신에게 물어보라. 나는 고객에게 다른 세일즈맨이 할 수 없는 것을 제시할 수 있는가?

고객과의 관계에 가치를 추가할 수 있는 당신의 역할, 예를 들어 당신이 정보 전문가, 자원 관리자, 기술 조언가 또는 의사 결정 조언가라는 것 등을 모두 강조하라.

3. 당신의 솔루션이 왜 더 나은지를 설명하라

특정 상황에서 당신이 가진 경쟁상의 이익을 확인하기란 어려운 일이다. 하물며 고객이 그것을 명확히 파악할 수 있고, 고객의 이슈에 당신의 솔루션이 어떤 가치를 가져올지를 기억하기 쉽게 설명하는 것은 더욱 어렵다.

고객에게 효과적으로 설명하기 위해서는 당신의 솔루션이 제시하는 가치를 간결하고 강력하게 전달할 수 있도록 연습해야 한다. 그 내용은 고객에게 당신의 솔루션을 기억하게 하고, 고객의 비즈니스를 어떻게 도울 수 있는지를 보여주고, 구체적으로 어떤 영향을 끼치는지 증명할 수 있어야 한다.

당신의 경쟁력 있는 장점이 고객이 표현하지 않은 니즈와 연관이 있을 수도 있다. 실제로 그런 니즈를 고객이 미처 모를 수도 있다. 이런 경우, 먼저 고객에게 현재 사용 중인 제품이나 서비스에 대해 더 많은 질문을 하여 당신의 가치를 진술할 수 있도록 상황을 만드는 것이 좋다. 경쟁업체가 갖추지 못한 특징에 대해 묻고, 그런 특징이 갖는 이익이나 영향에 대해 탐색하라.

예를 들어 당신이 아웃소싱 콜센터 서비스를 판매한다고 가정하자. 당신은 다양한 언어를 구사하는 직원을 내세우지만, 당신의 주요 경쟁업체는 그렇지 않다. 그럴 때 다음과 같이 질문하면 좋다.

"다양한 언어로 고객 서비스를 제시하지 못해서 비즈니스가 성사되지 못한 적이 있으십니까? 그 비즈니스는 고객님에게 어느 정도 가치를 가져다줄 수 있었습니까?"

마지막으로, 세일즈 대화 중에 고객이 이의를 제기했을 때 극복할 수 있도록 준비를 해두어라. 당신의 경쟁업체는 고객에게 당신의 약점을 강조한다는 사실을 명심하라. 심지어는 고객에게 당신의 솔루션에 대한 잘못된 정보를 전달할 가능성도 있다.

4. 또 다른 기법

• **고객의 기대치를 능가하도록 노력하라.** 당신이 파는 제품이나 서비스가 업계에서 그리 독특하지 않은 것일 수도 있다. 다른 공급업체에

서 고객의 니즈를 충족하는 유사한 제품이나 서비스를 제시할 수도 있다. 이 상황에서 당신을 차별화하려면 고객이 필요로 하는 것 이상을 제시하고 고객의 기대치를 능가해야 한다. 시간에 맞춘 배송이나 업계에서 예외적인 세일즈 후 지원 등의 약속으로 고객을 '황홀하게' 할 수 있다면 특징이나 이익이 경쟁업체와 별다를 것이 없는 원자재를 판다 하더라도 경쟁업체와 차별화할 수 있을 것이다.

• **고객에게 부풀려서 말하지 마라.** 당신보다 고객의 니즈에 더 적합한 제품이나 서비스를 제공하는 공급업체와 경쟁하더라도 지킬 수 없는 약속을 해서는 안 된다. 오늘날 고객은 요령과 상식이 있어서 그런 전술을 꿰뚫어본다. 당신이 부풀려서 말한다고 의심이 가면 다시는 계약을 하지 않으려 할 것이다. 더 나은 접근법은, 경쟁업체에게 순순히 양보하는 것이다. 당신이 정직하며 고객의 최고 관심사를 염두에 두고 있다는 것을 보여주는 이런 접근법은 앞으로 관계를 쌓을 수 있는 가능성을 높여준다.

• **경쟁업체를 험담하지 마라.** 제품이나 서비스를 차별화할 때는 독특한 특징을 강조하고 경쟁업체에 없는 이익을 강조하라. 하지만 경쟁업체를 헐뜯고 싶은 유혹이 생겨도 절대 참아야 한다. 경쟁업체에 대한 험담은 '집중하는 낙관론자'의 역할을 방해하고 세일즈 영향 사다리를 오르려는 노력을 방해할 뿐이다.

• **기본사항에서 남들보다 뛰어나도록 노력하라.** 당신의 제품을 선전하여 고객의 관심을 끄는 것만으로는 경쟁업체와 차별화할 수 없다. 모두가 가격 할인과 추가적인 서비스를 강조할 때에는 당신이 기본사항에서 뛰어나다는 것을 보여주는 것이 오히려 강한 인상을 줄 수도 있다. 당신이 세일즈맨으로서 역량과 신뢰가 있으며, 당신의 제품이나 서비스 품질이 뛰어나다는 것을 보여주고, 믿을 수 있는 세일즈를 한 후 지원을 보증하라.

• **경쟁업체의 입장이 되어보라.** 잠재고객의 목표를 확인하는 좋은 방법은 다른 세일즈맨의 입장이 되어보는 것이다. 다른 세일즈맨을 고객으로 삼고 당신은 경쟁업체의 세일즈맨 역할을 맡아서 역할극을 해보라. 그러한 방식으로 세일즈에 대한 대화를 나누어보면 당신의 고객이 경쟁업체에게서 어떤 말을 듣고 있을지를 더 잘 알 수 있으며, 고객의 이의에 어떻게 대비해야 할지를 알 수 있다.

나는 경쟁업체에 대해 모든 것을 연구한다. 심지어 저들이 우리에 대해 어떻게 말할지를 예상하기 위해 내 제품을 헐뜯는 연습도 해본다.

· 05 ·

문을 열어놓고
떠나라

우리 회사의 컨퍼런스 룸 전체와 연수 시설 전체에 설치할 시청각 장비를 구입하려 할 때였습니다. 저는 시청각 장비에 대한 다양한 프레젠테이션과 제안서를 검토한 후에 결정을 내린 다음, 예의를 지키는 차원에서 후보에서 탈락한 업체 각각에 '거절' 전화를 했습니다. 세상에, 앞으로 다시는 그런 전화를 안 할 겁니다! 업체의 대부분이 정중하게 전화를 받았는데, 유독 한 업체에서 저더러 나중에 틀림없이 그 선택을 후회하게 될 거라고 말하지 뭡니까. 그러고는 제가 올바른 판단을 하고 싶다면 자기 회사 제품을 고려해보라고 하더군요. 당연한 말이지만, 저는 거절했습니다.

모든 세일즈맨이 그렇지만, 당신도 가망고객뿐 아니라 기존 고객—그것도 오랫동안 공들인—을 놓칠 수 있다. 세일즈를 종결하든 아니든 탄력과 동기를 유지하는 것은 중요하다.

당신은 당신의 에너지를 미래를 위한 지식을 얻는 데 집중하고, 이것을 실망이나 거부당했다는 생각에 써서는 안 된다.

세일즈를 성공하느냐 실패하느냐 하는 데에는 다양한 요소가 관여한다. 그 모든 세부 요소를 다 찾아내라. 먼저 가망고객의 최초 가능성이나 거래의 수익성을 재평가하는 것부터 시작한다. 그런 다음 정보를 수집할 계획을 짠다. 왜 고객이 구매를 하지 않았는가? 거래가 깨지게 된 요소는 무엇인가? 앞으로 비슷한 거래에서 성공하기 위해 할 수 있는 일은 무엇인가? 이번 거래에서 배운 것 중에 다른 고객과의 거래에 적용할 수 있는 것은 무엇인가?

고객에게 관련 기사나 중요한 정보를 보내 미래에도 계속 연락할 수 있도록 관계를 유지하라. 놓친 고객의 니즈가 얼마나 잘 충족되고 있는지를 계속해서 추적하라. 고객이 경쟁업체와 계약을 맺었다면 고객에게 경쟁업체가 할 수 있는 것 이상으로 바라는 것이 무엇인지 물어보라. 고객이 당신의 제품이나 서비스 없이도 비즈니스를 해나갈 수 있다면 장기 목표는 잘 충족되고 있는지 물어보라. 그냥 연락이나 하는 정도로는 안 된다. 모든 대화에 가치를 부여해야 한다.

1. 멋진 패자가 되라

고객이 당신이 아닌 다른 공급업체를 선택하거나 기존 고객이 계약을 해지하고 다른 회사와 계약한다면 고객의 결정을 존중하라. 어떤 고객은 자신의 회사와 대규모 계약이 깨진 후에도 담당 세일즈맨과 직업상 좋은 관계를 지속했다는 이야기를 들려주었다. 그 세일즈맨은 멋진 패자였고, 계약 해지를 직업상의 진전으로 보았다. 하지만 그런 세일즈맨은 극히 소수다. 많은 세일즈맨이 좋지 못한 패자가 된다. 고객은 자신이 같이 일하고 싶은 공급업체를 선택할 권리가 있으며, 내키는 대로 마음을 바꿀 수 있다는 것을 명심하라.

거래를 놓치더라도 고객에게 징징거리거나 불평을 늘어놓지 마라. 그리고 고객에게 마음을 돌리라고 집적대지 마라. 당신을 돋보이게 할 목적으로 경쟁업체를 헐뜯지 마라. 고객의 니즈를 충족하지 못한다고 당신의 회사를 비난하지 마라. "나는 우월한 제품을 보유하고 있지만 경쟁자가 더 훌륭했던 것뿐이다"라고 긍정적인 태도를 유지하는 것이 훨씬 낫다.

내가 불쾌할 때는 세일즈맨이 고객 앞에서 자신의 회사를 팔거나 방어하는 것이 아니라 자기 자신을 방어하고 자신의 회사를 비난하는 경우이다.

무엇보다도 고객의 결정을 사적으로 받아들이지 마라. 고객은 잘 지닐 수 있는 세일즈맨과 같이 일하고 싶어 하는 경향이 있다. 하지만 대부분의 경우 공급업체를 선택할 때의 기준은 거의 순전히 비즈니스 상의 고려사항이다. 예를 들어 그들은 구매하는 제품이나 서비스의 비용과 품질, 세일즈의 조건에 따라 선택하는 것이다.

놓친 세일즈를 사적으로 받아들이는 것은 거부당했다는 생각과 실망감을 낳을 뿐이다. 이는 당신의 자긍심과 동기부여에 해가 될 수 있다. 당신은 성취한 것에 집중하고, 그 과정에서 앞으로의 세일즈에 도움이 되는 것을 끌어내야 한다.

2. 이유를 물어라

탐색을 통해 고객이 경쟁업체를 선택한 이유를 알아보라. 접촉하는 사람이나 관련된 다른 의사 결정자에게 왜 당신이 해당 비즈니스를 놓치게 되었는지 물어보라. 당신이 어떤 일을 더 했으면 계약을 따낼 수 있었을지 또는 계약을 되찾을 수 있을지를 판단해보라. 그런 분류에는 다음과 같은 것이 포함될 수 있다.

• **가격**: 당신의 판매 가격은 그 거래를 성공한 경쟁업체의 가격에 비해 어떠한가? 당신은 그 세일즈를 성공하기 위해 가격 할인이나 표준 지불 조건을 수정할 수 있었는가?

• **제품:** 당신의 제품이나 서비스가 고객의 품질 기대치에 맞았는가? 고객의 니즈를 더 잘 충족하기 위해 당신의 제품을 맞춤형으로 고칠 수 있었는가?

• **조건:** 고객이 당신이 제시했던 조건 중 어떤 것에 이의를 나타냈는가? 예를 들어 배송 일정 때문에 고객이 마음을 바꾸었는가?

• **당신:** 고객의 기분을 상하게 하거나 화나게 만든 일을 한 적이 있는가? 당신의 행위, 판매 접근법, 대인관계 스타일에 잘못된 점이 있었는가?

세일즈맨이 처음부터 끝까지 부정적인 반응을 만들어내는 경우도 있다. 어떤 고객은 다음과 같이 말했다.

"어떤 젊은 세일즈맨이 마치 불도저처럼 자기 방식을 밀어붙이더군요. 접수계 직원에게 무례하게 굴고, 전화하는 말투가 거만할 뿐 아니라, 다시 전화를 하더니 강매를 하면서 흥분하기까지 했습니다. 그 세일즈맨은 결국 비즈니스에서 배제당했고 접촉을 위한 모든 노력 또한 거부당했죠."

낙관론자가 되라. 놓친 세일즈를 배울 수 있는 기회라고 생각하라. 세일즈 성과를 높이기 위해 다음에는 어떻게 행동해야 할 것인지를 고민하라.

3. 관계를 유지하라

고객이 당신이 아닌 다른 경쟁업체를 선택했다고 해서 그 고객이 당신을 나쁘게 생각하는 것은 아니다. 그러므로 이후에 그 고객에게서 새로운 비즈니스를 끌어낼 적절한 기회를 찾아야 한다. 그 고객에게 고객사 내부나 외부의 가망고객을 소개해줄 것을 부탁하고, 장래에 그 고객과 같이 일할 가능성이 있는지를 판단하라. 그런 일이 일어날 가능성을 높이기 위해서는 비록 놓친 고객일지라도 지속적으로 좋은 관계를 유지해야 한다. 당신이 가지고 있는 지식과 정보가 이 분야에서 가장 새로운 것임을 강조하고 비즈니스 파트너로서 당신의 가치를 계속 입증하라.

이때 가장 중요한 것은 놓친 고객과 정기적으로 연락을 취하는 것이다. 그리고 이를 통해서 고객의 비즈니스가 잘되고 있는지, 그들이 선택한 공급업체에 얼마나 만족하고 있는지를 판단하는 것이다. 당신의 제품·서비스·회사 조직의 변화 중에서 고객이 다르게 생각할 만한 것을 모두 알리고, 당신을 공급업체로서 재고하도록 이끌어라. 세일즈 기회를 되살리고 거래를 모니터링할 때가 되었음을 알리는 요소를 놓치지 마라. 아울러 한 세일즈맨이 들려준 다음의 조언을 따라라.

"당신의 제품이 더 낫다는 확신을 가지고, 장기적으로 고객에게 더 나은 무언가를 소개할 수 있다는 확신을 가져라."

4. 배움의 기회로 삼아라

놓친 기회 때문에 의욕을 잃지 않으려면 당신은 그것을 더 나은 세일즈맨이 되기 위한 경험으로 활용해야 한다. 세일즈를 진행하는 동안 당신에게 좋게 작용했던 것과 나쁘게 작용했던 모든 내용을 문서화하고, 각각이 얼마나 긍정적이었는지 또는 부정적이었는지를 설명하라. 그런 다음 각각에 대해 어떤 교훈을 배웠는지를 기록하라. 그리고 다음 사항을 고려해보라.

- 개선해야 할 판매 상황의 측면. 당신의 팀이 발전할 수 있도록 다르게 행동하거나 더 나은 세일즈 과정을 제안할 것이 있는가?(예를 들어 최초 제안을 서면으로 하는 것 등)

- 당신이 제시한 솔루션의 특징(기능, 디자인, AS 등)이나 이익 중 당신의 회사 조직과 함께 점검해야 할 것들. 제품 지식을 더 많이 습득할 필요가 있는가?(이는 연구나 개발 그룹에게 현재 시장에서의 아이디어나 고객 요건에 대해 연구할 기회가 될지도 모른다.)

- 경쟁업체에 대해 더 많이 배워야 할 필요성. 뜻밖이었던 것이 있는가?(이런 정보를 당신 회사의 다른 사람들이 이익을 볼 수 있도록 제공하라.)

- 비즈니스 이슈에 대한 충분한 지식 부족. 비즈니스에 필요한 다양한

영역에 대해 공부할 수 있는 자료나 정보를 구할 수 있는 모임이 있는 가?(다른 세일즈맨과 함께 시장 지식을 공유하라.)

• 당신의 회사 조직 자원을 더 많이 활용하는 방법. 각각의 세일즈 주기에서 쓸데없이 시간을 낭비하지 않기 위해 과정을 개선하고 이전의 업무 경험을 활용할 수 있다.(당신 회사의 세일즈 부서 동료들과 공동으로 제안요청서에 대응하고 세일즈 프레젠테이션을 공유하라.)

5. 또 다른 기법

• 과도한 영향력을 가하지 마라. 세일즈 분위기를 '부드럽게 하기' 위해 선물을 준다든가 해서 고객의 결정에 영향력을 가해서는 절대 안 된다(예를 들어 스포츠 경기 관람권이나 쉽게 구할 수 없는 공연 티켓을 주는 일). 이런 전술은 뇌물이자 직업의식과는 아주 거리가 먼 일로 간주될 수 있고, 고객이 기꺼이 받는다면 앞으로도 계속 비슷한 선물을 원할 수도 있다. 이런 딜레마를 피하기 위해서는 당신의 제품이나 서비스의 장점과 가치를 고객에게 강조하여 세일즈를 성사하는 일에 집중해야 한다.

• 현실적 관점을 유지하라. 성공적인 세일즈맨은 낙관주의와 현실주의 사이에서 균형을 잘 유지한다. 자신의 고객에게 긍정적인 인상을

보여주고 자신의 제품이나 서비스를 우호적인 방식으로 보이게 하려면 낙천적인 태도를 유지해야 한다는 것을 알고 있는 것이다. 하지만 이들은 또한 자신들이 힘든 경쟁 상황에 처해 있으며, 매번 세일즈에 성공할 수는 없다는 사실을 잘 알고 있다. 이들은 이길 수 있는 태도를 취하고 있지만, 세일즈에서 실패했을 때에도 자신감과 평정을 유지한다.

내부 자산 활용하기: 자기관리

01. 코칭을 통해 성과를 최적화하라

1. 피드백을 받아 대비하라 | 2. 정기적으로 만나 예리함을 유지하라 | 3. 발전 계획을 세워라 | 4. 더 많은 팀을 확보하라

02. 시간과 영역을 관리하라

1. 시간은 돈이다 | 2. 하루에 더 많은 것을 끌어내라 | 3. 더 많다고 해서 반드시 더 좋은 것은 아니다 | 4. 롤러코스터를 길들여라 | 5. 또 다른 기법

03. 테크놀로지를 능숙하게 활용하라

1. 활용 가능한 것이 무엇인지 파악하라 | 2. 테크놀로지에서 최대의 가치를 끌어내라 | 3. 테크놀로지로 무엇을 할 수 있는지 파악하라 | 4. 또 다른 기법

04. 팀과 함께 일하라

1. 구매팀을 파악하라 | 2. 구매팀의 질문에 답할 수 있는 사람과 동행하라 | 3. 유능한 사람을 데려와라 | 4. 또 다른 기법

05. 실행 계획을 세워라

1. 우선순위를 정하는 것부터 시작하라 | 2. 잠재적인 기법을 확인하라 | 3. 필요하다면 반복하라 | 4. 또 다른 기법

 내부 자산 활용하기: 자기관리

오늘날 경쟁이 심한 시장에서는 의사소통, 관계 쌓기, 여타 세일즈 기술에 의존하는 것만으로는 충분하지 않다. 경쟁우위를 점하려면 또렷한 시각을 유지하고 세일즈 향상에 도움이 되는 모든 자원을 활용할 수 있어야 한다.

성공적인 세일즈맨은 끊임없이 자신을 개선하고 고객에게 추가적 가치를 제공할 방법을 찾는다. 자신을 계발하기 위해 많은 것을 배울 뿐만 아니라 더 똑똑하게―더 효율적이고 효과적으로―일함으로써 경쟁에서 우위를 차지하려고 노력한다. 또한 고객에 대해서는 고객과의 관계를 향상하고 그들의 기대치를 능가하길 원한다.

성공적인 세일즈맨은 이런 일을 혼자서 할 수 없다는 것을 잘 알고 있어서 내부의 자산, 즉 회사의 자원들을 활용해 그 효과를 높이려고 노력한다.

많은 세일즈맨이 주변의 자원과 지원을 직접 활용하여 얻을 수 있는 이익을 인식하지 못한다. 세일즈 회사의 조직은 고객의 데이터를 모으고 관리할 수 있는 기술적 도구를 제공하고, 고객과 관계를 맺는 과정을 지원하며, 매일 하는 세일즈 활동을 자동화한다. 여기서는 당신의 성공에 필수적인 자원을 어디서 찾고 어떻게 활용하는지에 대해 다룰 것이다. 이런 내부 자산을 활용하면 업무가 쉬워질 뿐만 아니라 더 많은 세일즈 기회를 창출하고, 고객 관계가 향상되며, 궁극적으로 고객에게 더 큰 만족을 주고 충실해질 것이다.

코칭을 통해
성과를 최적화하라

전에 같이 일했던 소프트웨어 공급업체를 통해 한 세일즈맨을 소개받았습니다. 그는 미팅에 자기 상사를 데려왔는데, 그 상사는 자기 회사의 새 제품을 소개하는 미팅 시간 대부분을 도맡아 진행했습니다. 조금 있다 보니 대체 제가 누구를 상대로 비즈니스를 해야 하는 건지 모르겠더군요. 저는 처음에 소개받았던 그 세일즈맨에게 해당 제품 소프트웨어가 우리 회사의 기존 시스템과 어떻게 어우러질지에 대한 몇 가지 질문을 했지만, 그 사람은 대답을 잘 못하더군요. 그런데 그 상사 역시 해당 소프트웨어의 세부적인 스펙에 대해 기억하지 못하다 보니 그 세일즈맨을 제대로 도와주지 못했습니다.

훌륭한 세일즈맨은 다른 사람들의 조언을 환영한다. 아무리 성공에 적절한 지식이나 기술과 태도를 갖추고 있고 효율적인 비즈니스 과정과 첨단 기술의 조력을 받는다 하더라도 좋은 코칭이 없으면 자신의 성공을 유지할 수 없다는 것을 잘 알고 있다.

이는 특히 세일즈 분야에서 확실히 나타난다. 시장—경제, 경쟁, 새로운 제품과 서비스—은 늘 빠르게 변화하고 있으며, 당신 회사 조직의 목표는 기본적으로 모든 세일즈맨에게 코칭을 제공한다. 코칭은 당신이 연수를 통해 배운 지식을 강화하고, 성과를 안내하며, 당신의 판매 실무와 회사 조직의 비즈니스 전략을 연계한다. 연수는 일회성 이벤트가 아니라, 교실에서 최초로 배웠던 것을 확장하는 연속적 과정이다. 코칭은 그 과정에서 핵심적인 부분을 차지한다.

연수 과정을 마친 후가 가장 최고인 것처럼 생각되지만, 코칭과정과 심화과정을 밟지 않는다면 그런 지식은 금방 사라져버린다.

좋은 코치가 없다면 찾아라. 세일즈 부서의 상사일 수도 있고, 세일즈 경영진의 한 사람이거나 동료일 수도 있다. 코치가 누구든 간에 당신의 장점과 단점에 대한 건설적인 피드백을 요청하고, 당신의 기술을 갈고닦는 데 도움이 될 만한 조언을 구하라. 당신의 목표와 당신 회사 조직의 목표를 성취하는 것을 기꺼이 도와줄 누군가를 찾아야 한다.

1. 피드백을 받아 대비하라

당신은 코치에게서 당신이 대비해야 하는 일대일 피드백과 격려를 받고, 고객과의 관계를 쌓는 기술을 개선해야 한다. 코치는 중요한 지원과 개인적 관심으로 당신이 상사, 동료, 연수 프로그램에서 배운 것을 활용하여 당신만의 독특한 판매 난제를 해결할 수 있도록 도와줄 것이다. 그리고 다음 사항에서 당신을 안내하고 방향을 가르쳐줄 것이다.

• **전화 준비.** 코치와 함께 잠재고객을 확인하고 세일즈 잠재력을 평가한 다음 세일즈 전화의 목표를 설정한다.

• **거래 계획.** 세일즈 전략을 개발하고 세일즈 행동의 우선순위를 정할 때 코치의 전문성을 활용한다.

• **세일즈 협상.** 어려운 세일즈 협상을 수행하고 효과성을 평가할 때 코치에게 참여를 요청한다.

• **세일즈 프레젠테이션.** 당신이 고객에게 프레젠테이션을 할 때 코치의 참여를 요청하여 프레젠테이션 기술에서 개선할 수 있는 부분을 확인한다.

2. 정기적으로 만나 예리함을 유지하라

코칭은 신참 세일즈맨에게는 필수적이지만 좀 더 경험이 많은 세일즈맨들에게도 이익이 된다. 특히 어느 회사에 신입으로 들어갔거나 새로운 비즈니스 또는 새로운 업계에 발을 들인 세일즈맨에게는 더더욱 그러하다. 코칭이 최대의 효과를 내기 위해서는 정기적으로 시행되어야 한다. 코치와 정기적으로 성과를 평가하고 개선할 수 있는 방법으로는 다음과 같은 것이 있다.

• 공동 전화. 1주일에 한 번 또는 한 달에 몇 번 코치와 함께 세일즈 전화를 한다. 그 후 철저하게 점검하는 시간을 가진다.

• 원기 회복. 1주일 혹은 2주일에 한 번 코치와 만나 연수 프로그램에서 배웠던 중요한 판매 기술을 검토하고 연습한다.

• 기술 모델링. 코치와 함께 주기적으로 세일즈 전화를 하여 판매 기술을 다듬고 코치가 기술을 어떻게 사용하는지 관찰하거나 코치와 함께 역할극을 해본다.

코칭은 세일즈맨의 지식을 늘려주고 자기 발전에 필요한 조건을 만들어준다. 또한 자신감을 높이고 성과에 대한 대화를 창출한다.

당신의 코치는 당신의 거울이 되어 연수 관계에서 계속하는 과정을 반영해준다. 코칭 질문의 예는 다음과 같다.

- 당신의 고객은 당신을 문제 해결사로 여기고 있는가?
- 당신의 고객은 당신을 다른 세일즈맨과 다르게 보고 있는가?
- 당신의 고객은 당신을 다시 보고 싶은 사람으로 보고 있는가?
- 당신의 고객은 당신을 가치를 얻을 수 있는 사람으로 보고 있는가?

이런 질문들은 당신이 기술을 더 예리하게 가다듬도록 도와주며, 당신이 고객에게 독특한 자원이 되는 법을 배우게 해준다.

3. 발전 계획을 세워라

코칭은 잘 구조화하고 계속 이어질 때 가장 효과가 좋다. 당신은 꾸준히 신경 써서 연습해야 한다. 코치와 함께 발전 계획을 세우고 구체적인 목표를 정한 다음 개선하기 위한 시간표를 만들어라.

당신의 계획은 세일즈 성과를 향상할 모든 기술과 능력을 포함해야 한다. 대인관계와 의사소통 기술, 문제 해결과 계획 기술, 팀 기술, 협상 기술뿐 아니라 당신의 제품이나 서비스, 고객의 비즈니스, 경쟁업체에 대한 지식도 포함해야 한다. 마지막으로 당신의 발전을 측정하고 문서화하라. 성과와 관련된 여타 자료(고객 설문 조사, 수익 보고서 등)

를 비롯하여 코치의 평가를 파일로 만들고 새로운 개선 목표를 설정할 때 이 정보를 활용하라.

당신의 회사가 당신이 발전하는 데 도움을 주는 코치를 찾아주지 않으면 스스로 찾아라.

세일즈 개선 프로그램을 혼자서 마치려고 하지 마라. 고객은 동물과 같아서 당신이 겁을 먹으면 그 낌새를 알아차리고 당신의 약점을 찾아낸다. 미리 연습하지 않으면 고객을 상대로 연습을 해야 하고, 그러면 고객은 그 사실을 알아차린다.

4. 더 많은 팀을 확보하라

• **다양한 코치를 확보하라.** 코칭 관계는 다양한 방법으로 만들 수 있다. 부서의 상사가 코치가 될 수도 있고, 회사 조직에서 당신에게 코치를 임명해줄 수도 있지만, 당신이 직접 코치를 선택할 수도 있다. 원하는 코치를 직접 선택할 수 있다면 두 명 또는 세 명을 고려하라. 코치를 여러 명 두면 각 분야에서 뛰어난 사람과 일함으로써 다양한 분야에서 진전을 이룰 수 있다.

• **연수의 필요성을 인식하라.** 코칭에서 쓰이는 개인적이고 격식 없

는 접근법은 세일즈 기술 가운데 개인적으로 관심 있는 기술을 배우는 데 매우 효과적이다. 또한 공식적인 연수 프로그램도 유익할 수 있다. 특히 당신이 개선을 위해 아주 중요하다고 생각한 분야의 특정 기술에 집중하는 프로그램이라면 더더욱 그렇다. 연수에서 최고 결과를 얻으려면 코치와 니즈 분석을 한 다음 연수 전문가와 함께 참석 가능한 세일즈 연수 프로그램을 검토하라. 자신의 기술을 개선하고 싶어하며 발전을 원하고 그런 니즈를 충족하기 위해 코칭을 받는 세일즈맨은 반드시 성공한다.

10점 만점으로 계산할 때 세일즈 코칭은 11점이라 할 수 있다. 코칭은 그만큼 중요하다.

시간과 영역을
관리하라

전에 잡지를 파는 세일즈맨을 접
한 적이 있는데, 정말 짜증나는 사람이었습니다. 최소한 1주일에 두
번은 전화해서 거래 상태를 점검하는 겁니다. 게다가 그날 안에 답
을 주지 않으면 회의 중인데도 호출을 보내고요. 결국 저는 그 사람
에게 거래를 하지 않겠다고 잘라 말하고, 그 잡지를 다시는 거들떠
보지 않았습니다. 다른 건 없고 오로지 그 사람이 강매하는 게 너무
싫었기 때문입니다.

이렇듯 세일즈맨은 쓸데없이 시간을 낭비하는 경우가 너무나 많다.
앞의 예에 나온 세일즈맨은 가망고객에게 돌이킬 수 없는 짜증을 안
겨주었다. 그는 많은 시간과 노력을 기울였지만 아무런 성과를 얻지

못했다.

세일즈맨이 습득해야 할 가장 중요한 기술 중 하나가 바로 시장 관리다. 시장 관리란, 세일즈맨이 마치 자신의 비즈니스인 것처럼 영역을 관리하는 데 필요한 모든 것(기술·과정·도구)을 뜻하며, 자원(그중에서도 특히 시간)을 원하는 대로 투자하여 가장 큰 성과를 얻어내는 것을 말한다.

1. 시간은 돈이다

누구나 다 아는 말이지만 이것은 진실이다. 세일즈맨과 세일즈 부서 상사들이 시간의 가치를 잊어버리고 절대 성과가 없을 기회에 시간을 써버리는 일은 너무나 흔하다. 하루의 시간은 그렇게 많지 않으며, 가능성이 높은 가망고객과 교류하기 위해 시간을 많이 쓴다고 해서 결과가 확실해지지도 않는다.

시간 관리는 목표를 정하는 데서 시작한다. 세일즈맨은 자신의 목표를 인식하고(일정 기간 동안의 목표, 하나의 거래에 대한 목표 등), 그 목표를 성취하는 동안 거치게 되는 중간 이정표를 세워야 한다. 중요한 목표와 행동을 설정해놓으면 한 이정표에서 다음 이정표로 발전하기 위해 필요한 일을 정의할 수 있으며, 궁극적으로 최종 목표를 성취할 수 있다.

일정표에 기록해놓은 단기적인 집중 행위가 너무 많은 나머지 중요

한 일을 할 시간이 없었던 적이 있는가? '목표 à(→) 이정표 à(→) 행위'
구조를 활용하면 임기응변식이 아니라 전략적인 방식으로 중요한 행
위를 인식하고 우선순위를 정해 일정을 짜서 적절하게 자원을 배분할
수 있다. 이런 정보를 문서화하고 행위와 일정을 관리하는 데는 소프
트웨어 도구가 아주 쓸모 있다. 하지만 핵심은 목표를 정한다는 사실
그 자체임을 명심하라.

한 세일즈맨은 다음과 같이 말했다.

"저는 원 소스 소프트웨어 도구를 써서 세일즈 과정이 어디까지 왔
는지를 추적할 수 있습니다. 또한 기억해야 할 일, 해야 할 일, 메모, 그
외의 모든 일을 그 도구로 해결하지요. 하지만 그렇게 유용한 도구가
있더라도 궁극적인 목표에 집중하지 않으면 비즈니스 기회는 손가락
사이로 빠져나가버릴 겁니다."

2. 하루에 더 많은 것을 끌어내라

삶이 단순하다면 세일즈맨은 우선순위가 높고 목표 지향적인 행동
에만 시간을 쓰면 될 것이다. 하지만 불행히도 끝도 없는 추가 업무와
이슈들이 우리의 주의를 앗아가버린다. 이런 자질구레한 업무 때문에
중요한 업무를 놓치는 일을 방지하려면 업무의 목적을 인식해야 한
다. 그런 후에 다음과 같이 한다.

· 목표와 직접 관계가 있는 행동을 늘린다.

· 간접적으로 목표와 관련된 행동을 확인한다.

· 시간을 낭비하는 행동을 가능한 한 빨리 찾아내 없앤다.

가능하다면 하루를 더욱 효율적으로 보낼 수 있는 도구와 과정을 활용하라. 관리 행위를 빨리 끝낼수록 고객과 더 많은 시간을 함께 보낼 수 있다. 그렇다고 해서 중요한 계획이나 준비 단계를 소홀히 해서는 절대 안 된다. 시간을 잘 활용하기 위한 전술에는 다음과 같은 것들이 있다.

· 남에게 맡길 수 있는 업무는 남에게 맡긴다.

· 업무를 동시에 해결한다.(고객을 만나기 위해 로비에서 기다리는 동안 어떤 업무를 할 수 있을까?)

· 업무를 한 덩어리로 모은다.(금요일 오후의 일정 시간을 정해놓고 1주일치 비용 보고서를 한꺼번에 작성한다.)

· 지름길을 찾는다.

· 중복을 피한다.(음성메일이나 이메일은 읽은 즉시 답한다. 그러면 여러 번 읽을 필요가 없다.)

마지막으로 건전한 시간 관리 전략을 방해하는 최대의 적은 바로 세일즈맨 당신이다. 잘 짜놓은 계획이 전부 틀어지기 전에 꾸물거리는 버릇을 인식하고 고쳐라.

3. 더 많다고 해서 반드시 더 좋은 것은 아니다

당신이 받는 수수료는 물론 많으면 많을수록 좋을 것이다. 그런데 세일즈맨이 빠지기 쉬운 가장 큰 함정 가운데 하나가 바로 세일즈 전화를 더 많이 할수록 기회가 더 많아진다고 생각하는 것이다. 그러나 정말 그럴까? 실제로는 성공 가능성이 낮은 가망고객이나 기존 고객에게 세일즈를 하기 위해 수백 통의 전화를 하는 것보다 좋은 품질의 세일즈 전화를 몇 통 하는 것이 비즈니스에서 성공할 가능성이 훨씬 높다.

한 일류 광고 외판원은 다음과 같이 말했다.

"제가 성공을 거두지 못했을 때를 돌이켜보면 그 이유는 정신이 산만해진 나머지 제가 해야 할 일을 못하고 세일즈 성공과 관계없는 다른 영역에 집중했기 때문입니다."

80/20 법칙은 절대 미신이 아니다. 실제로 당신이 벌고 있는 수익의 80퍼센트는 20퍼센트의 고객으로부터 나온다. 심지어 이보다 더 치우치는 경우도 있다. 그러므로 핵심은, 큰 기회가 나오는 작은 주머니가 어디인지를 파악하는 것이라고 할 수 있다. 먼저 당신은 기존 고객뿐 아니라 가망고객을 일정한 기준에 따라 분류한 후 전화를 거는 횟수와 투자 시간을 할당해야 한다. 이런 분류에 사용하는 방법과 도구로는 여러 가지가 있다. 그중 하나로 다음 그림처럼 4분면 표를 만드는 것이 있다.

가능성 높음	**A 거래** 추가 비즈니스를 제시할 가능성이 높은 기존 고객. 이 고객을 집중적으로 파고들 것	**C 거래** 가까운 시일 내에 세일즈가 성사될 가능성이 높은 가망고객. 고객으로 확보할 것
가능성 낮음	**B 거래** 성장 가능성이 적거나 없는 기존 고객. 관계를 유지하는 수준	**D 거래** 확인 가능한 기회를 제시할 가능성이 없는 가망고객. 모니터링할 것

거래처와 가망고객을 이러한 방식으로 분류하면 시간을 어디에 써야 할지 결정하기가 편하다. 즉 A와 C에 집중해야 한다.

4. 롤러코스터를 길들여라

영역 관리에서 흔히 접하는 또 다른 위험은 '모 아니면 도'라는 태도다. 이런 세일즈맨은 기존 고객이든 가망고객이든 한두 군데의 새로운 비즈니스 기회에 거의 모든 시간을 투입한다. 성공했든 성공하지 못했든 그 기회가 지나가면 이 세일즈맨을 기다리는 다른 기회는 사라져 버린다.

예를 들어 당신의 세일즈 주기가 기본적으로 최초 전화, 공식 프레젠테이션, 제안서, 시연, 최종 검토, 계약 성사의 6단계라고 가정하자. 당신은 어느 기회 하나에서 이 주기를 끝까지 완료하기 위해 모든 근무시간을 투입할 수 있다. 그 결과, 계약이 성사되었든 실패했든 이 기회에서 6단계에 도달하고 나면 파이프라인에는 다른 기회가 전혀 남지 않은 상태가 되고, 그러면 리드 제너레이션(lead generation, 마찰을 줄이면서 최초 접촉을 가능하게 하는 마케팅), 가망고객 발굴, 최초 세일즈 전화라는 길고도 무미건조한 길을 다시 걸어야 한다.

당신의 세일즈 성과가 수익 면에서 변동이 심한 롤러코스터를 탄다면 그 영향은 서비스와 지원 회사의 조직 전반에 퍼져나간다. 파이프라인이 언제나 가득 차 있도록 하는 것이 훨씬 더 효율적이다. 파이프라인이 가득 찬 상태를 유지하기 위해 얼마나 많은 행동이 필요한지를 결정하는 방법은 단계별 또는 주요 이정표별로 스스로의 세일즈 과정을 계획하는 것이다.

위에 제시한 예를 활용하여 기초부터 시작하여 한 해 동안 수익 또는 이익 목표를 채우기 위해 필요한 성사 계약이 얼마나 필요한지를 판단해보라. 예를 들어 계약이 20건 필요하다고 가정하자. 그러면 파이프라인을 채우기 시작한다. 20건의 계약을 성사하려면 얼마나 많은 검토가 필요한가? 그만한 양을 검토하려면 시연이 몇 번이나 필요한가? 이 과정의 맨 꼭대기에 도달하면 얼마나 많은 세일즈 전화를 해야 할지 좋은 생각이 떠오를 것이다.

파이프라인 관리는 당신이 새로운 영역에서 일하든 기존의 영역에서 일하든 관계없이 좋은 세일즈 실무다. 당신이 주로 기존 고객을 대상으로 하므로 마케팅용 전화를 거의 할 필요가 없다 하더라도 기존 거래에서 기회를 찾아내고 이런 과정을 통해 그 기회를 진전하려는 노력은 계속 필요하다. 최근 어느 연구 프로젝트에서 세일즈 조직의 한 간부는 우리에게 다음과 같은 이야기를 들려주었다.

"새로 들어온 세일즈맨이 기존의 영역을 맡게 되었습니다. 이전 담당자가 발품을 팔아야 하는 업무는 다 해놓았기 때문에 세일즈 전화를 열심히 걸어야 할 필요가 없다고 생각했나 봅니다. 그 세일즈맨은 주문이 제대로 이행되었는지를 확인하기 위해 한 달에 한 번 전화하는 것으로 충분하다고 판단했던 모양입니다. 그 달이 끝나갈 무렵, 그 세일즈맨은 이전 담당자 그 누구보다도 자신의 실적이 가장 낮은 것을 깨닫고 놀랐답니다."

5. 또 다른 기법

• **피드백을 활용하여 우선순위를 정하라.** 코치나 가장 좋은 고객에게 당신이 특정 영역에서 얼마나 업무를 잘 수행하고 있는지 객관적인 시각으로 봐줄 것을 부탁하고, 이 정보를 활용하여 우선순위를 정하라.

• **시간을 더 만들어라.** 차 안에서 시간을 보내는 경우가 많다면 가야 할 곳들을 직선상에 배치하여 운전하는 거리와 시간을 줄이고 왔던 길을 다시 가야 하는 경우를 줄여라. 자동차, 공항 또는 고객 회사의 로비에서 허비하는 시간이 줄어들면 그 시간을 생산적으로 쓸 준비를 하라. 자료를 읽거나 음성 메일에 답을 하거나 전화 걸기 전에 필요한 준

비를 하거나 경비 보고서를 쓰거나 전화를 건 후 분석을 하라.

• **'재계획'을 잊지 마라.** 목표와 이정표를 세우고 나면 진전사항을 추적하고(이정표에 도달했는가? 일정을 지켰는가? 예산을 맞추었는가?), 목표를 성취하기 위해 다시 계획을 세우는 것을 고려하라. 계획은 목표 달성으로 이끄는 일련의 주기다. 원래 짜놓았던 계획대로 한 이정표에서 다음 이정표로 바로 가는 경우는 드물다.

• **다양한 의사소통 방식을 활용하라.** 오늘날 고객과 의사소통할 수 있는 방식은 아주 많다. 직접 대면하는 것은 물론 가치 있는 방법이지만, 항상 그런 것은 아니다. 고객과 직접 대면하지 않을 때는 이메일·팩스·전화 등과 같은 의사소통 방법을 활용하라.

03

테크놀로지를
능숙하게 활용하라

대금 지불에 문제가 있어서 담당 세일즈맨이 외상 매출금을 적용했습니다. 그 후 주문이 잘못되는 바람에 저는 다른 사람에게 전화를 걸어야 했습니다. 그리고 담당 세일즈맨에게 다시 전화했더니 주문과 대금 지불를 문제 모두 온라인으로 처리할 수 있다고 말하더군요. 그걸 처음부터 알려주었으면 얼마나 좋았을까요. 저는 담당 세일즈맨이 자동화 시스템을 써보라고 말하는 것보다는 문제 해결에 자기가 할 수 있는 책임을 다했으면 좋겠다고 생각했습니다. 제가 보기에는 계약이 성사된 후라 그가 더 이상 우리 회사에 신경을 쓰지 않는 것 같더군요.

성공적인 세일즈맨은 활용 가능한 모든 도구를 사용하여 효과와 효율을 높이고, 고객과의 관계와 가치를 향상시킨다. 오늘날 성공적인 세일즈 회사 조직들은 그 어느 때보다도 테크놀로지를 활용해서 업무를 효율적으로 처리하고 세일즈 성과를 높인다.

세일즈 테크놀로지라 함은 세일즈 회사 조직에서 세일즈 행위를 자동화하고 고객과 관계하는 과정을 지원하기 위해 특별히 설계한 모든 소프트웨어와 하드웨어를 뜻한다. 복잡한 메뉴와 프로그램 기능으로 가득한 새로운 테크놀로지는 너무 벅차 보이기도 하고, 이런 도구가 세일즈맨에게 얼마나 더 큰 성공을 가져다주는지도 확실치는 않다.

이런 새로운 테크놀로지를 사용하면 그저 인생이 더 골치 아파질 뿐이라는 불평을 듣거나 해본 적이 있을 것이다. 하지만 세일즈 테크놀로지를 100퍼센트 활용하는 것은 경쟁우위를 확보하는 데 매우 중요하다. 고객은 당신의 회사 조직과 일하면서 업무 과정이 편리하고 막힘이 없기를 원한다.

그들은 다른 니즈나 요청사항이 생길 때마다 매번 다른 사람에게 연락하는 상황을 싫어한다. 고객은 담당 세일즈맨이나 고객 서비스와 즉시 접촉할 수 있고, 당신의 제품이나 서비스·자신의 주문·배송 일정·가격 책정에 대한 모든 정보를 얻고 싶어 한다. 세일즈 테크놀로지는 이 모든 것을 가능하게 해준다.

세일즈맨이 활용 가능한 테크놀로지를 사용하지 못한다는 것은 네트워크 또는 기술상의 문제가 아니며, 심지어 몇몇 사람들이 주장하는 대로 테크놀로지 공포증 때문도 아니다. 테크놀로지를 받아들이지 못하는 가장 큰 장벽은 세일즈맨이 그것을 시간이나 잡아먹거나 사용하기 불편한 도구라고 생각하기 때문이다.

1. 활용 가능한 것이 무엇인지 파악하라

당신의 회사 조직이 시장에서 최신이거나 가장 훌륭한 테크놀로지를 모두 제시할 수는 없겠지만, 세일즈맨이라면 무엇이 활용 가능한지를 아는 것은 중요하다. 세일즈 테크놀로지에는 소프트웨어와 하드웨어가 포함되며, 이메일과 휴대전화에서부터 고객 관계 관리(CRM) 시스템과 예측 도구까지 아우른다. 이중 일부는 아주 단순하고 간단하지만, 재고 조절부터 온라인 주문까지 모든 과정을 포함하는 시스템은 복잡할 뿐만 아니라 수백만 달러에 달하는 투자를 필요로 한다. 일반적으로 하드웨어는 다음과 같이 몇 가지 카테고리로 나눌 수 있다.

· 데이터베이스 관리, 워드 프로세싱, 전자 의사소통과 네트워킹, 프로젝터를 사용할 때 프레젠테이션을 하기 위한 컴퓨터. 컴퓨터는 고객이나 동료와 의사소통을 쉽게 해줄 뿐 아니라 고객 정보 관리를 단순하게 만들어준다.
· 고객과의 접촉을 위한 호출기. 문자·음성 메시지를 포함한 무선통신

· 기타 접촉 관리나 일정 관리를 위한 하드웨어. 달력 · 전화번호 · 약속 일정 등을 수록하여 간편하게 휴대할 수 있는 디지털 정보 단말기(PDA)

소프트웨어는 하드웨어를 운용하는 프로그램으로 간단한 것에서 아주 복잡한 세일즈 관련 시스템까지 그 범위가 다양해 응용의 폭이 넓다. 당신이 알아야 할 중요한 소프트웨어에는 다음과 같은 것이 있다.

• 의사소통과 데이터베이스 기능. 온라인 주문 시스템, 이메일, 고객 접촉 관리가 포함되며, 모든 세일즈 관련 회사가 접근 가능한 중앙 집중형 정보 시스템 기능을 운영한다.

• 세일즈 과정 애플리케이션. 일정과 시간 관리, 가격 견적, 접촉 관리, 자동화 전화 보고와 제안 창출, 주문 추적 등이 포함되며, 일상의 주기적 세일즈 행위를 자동화하는 다양한 소프트웨어 애플리케이션이 있다.

세일즈 회사 조직이 활용 가능한 소프트웨어와 하드웨어가 아주 다양하다는 점을 감안할 때 세일즈맨이 테크놀로지에 짓눌린다는 느낌을 받거나 회사 조직이 제공하는 도구에 적응하기를 거부하는 이유를 짐작하기란 어렵지 않다. 어떤 것이 활용 가능하고 어떻게 쓰이는지를 아는 것이 중요하며, 일단 알고 나면 당신의 다양한 세일즈 행위—가망고객 발굴을 위한 동선 관리부터 제품 배송을 위한 온라인 재고 관리와 주문 추적까지—의 효율과 효과를 자동화하거나 개선할 수 있다.

2. 테크놀로지에서 최대의 가치를 끌어내라

세일즈 테크놀로지에서 나오는 기회와 이익을 최대한 활용하는 유일한 방법은 그런 테크놀로지를 어떻게 활용하는지를 알고, 고객을 위해 어떻게 활용할 수 있는지를 파악하는 것이다. 얼핏 단순해 보이지만, 많은 세일즈맨이 그런 테크놀로지가 너무 시간만 잡아먹는다거나 불편하다는 이유로 사용을 미루고 있다. 그런 도구를 활용하고 이익을 끌어내는 법에 대한 연수를 받지 못했기 때문이다.

우리의 연구에 따르면 세일즈맨의 테크놀로지 활용 기술 수준이나 역량은 그들이 받은 테크놀로지 연수 수준과 관련이 있다. 그것은 세일즈맨이 활용 가능한 테크놀로지를 받아들이는지, 그 활용도에 만족하는지, 그런 테크놀로지가 자신의 세일즈 행위와 결과를 향상시킨다고 생각하는지 여부에 가장 큰 영향을 미친다.

세일즈 테크놀로지를 "거의 모른다"고 답한 세일즈맨의 50퍼센트만이 활용 가능한 테크놀로지를 온전히 사용하고 있다. 반면 "많이 안다" 또는 "전문가 수준이다"라고 답한 세일즈맨 중 80퍼센트가 제대로 사용하고 있다.

세일즈맨은 이런 도구의 활용법에 대해 철저히 연수를 받아야 할 뿐 아니라 그 이익과 응용에 대해서도 파악하고 있어야 한다. "업무를 더욱 편하게 수행하고 고객에게 가치를 부가하기 위해서는 이것을 어떻게 활용해야 할까?"라는 질문에 대한 대답을 확실히 파악하고 있어야 한다.

그러기 위해 회사 내 IT 부서, 연수 담당자, 세일즈 부서 간부에게 연수를 요청하라. 연구 결과에 따르면 세일즈맨들이 테크놀로지 응용 프로그램을 제대로 파악하고 사용법을 잘 알고 있을수록 그런 도구에서 더 많은 이익을 끌어낼 수 있다.

놀라운 일이지만, 하드웨어와 소프트웨어가 더 많아지고 전반적인 선택과 다양성이 더 커질수록 세일즈맨이 그런 세일즈 테크놀로지에 만족하는 성향은 더 커진다.

세일즈맨은 소프트웨어 시스템을 배울 시간이나 인내심이 없다고 생각하는 경우가 많다. 시간과 노력을 들여 고객 접촉 관리 소프트웨어를 익히는 것은 그만한 가치가 있다. 가망고객, 기존 고객, 과거 고객에 대한 온전하고 정확한 데이터베이스를 갖추고 있을 때 당신과 회사가 얻는 이익은 그 프로그램을 익히는 데 투자한 시간 이상이다. 최초의 투자에서는 시간이 소모되겠지만, 나중에는 시간을 절약하는 효과를 볼 것이다. 전화 번호, 미팅 메모, 제품 사용법뿐 아니라 고객에 대한 여타 세부사항을 즉시 찾아볼 수 있기 때문이다.

3. 테크놀로지로 무엇을 할 수 있는지 파악하라

우리가 8천 명의 세일즈맨을 대상으로 조사한 결과, 테크놀로지가 세일즈 행위에 미치는 가장 큰 영향으로는 세일즈 회사 조직 내에서 또는 고객과 이루어지는 의사소통 능력의 개선이 있었다. 일반적으로 이메일 · 휴대전화 · 호출기 · 노트북 컴퓨터는 의사소통을 개선하는 중요한 도구다.

통신 테크놀로지는 단순히 의사소통 빈도를 높일 수 있는 기회일 뿐만 아니라 세일즈맨과 고객의 관계를 효율적으로 만들고, 고객의 니즈를 처리하며, 동료나 상사와 소통하고 의견을 듣는 도구로 활용해야 한다. 테크놀로지는 세일즈맨이 세일즈 전략을 개발하는 능력을 개선하며, 기존 고객의 세일즈 성과도 높여준다.

그렇다면 세일즈 테크놀로지는 고객에게 어떻게 가치를 제공할까? 세일즈맨이 여러 가지 종류의 테크놀로지를 갖추면 고객이 좋아하는 방식, 즉 이메일 · 팩스 · 보이스 메일 등을 선택해서 고객과 의사소통할 수 있다. 그리고 세일즈 테크놀로지는 다음을 가능하게 한다.

· 고객과 즉시 접촉할 수 있다.
· 당신의 회사 제품과 서비스에 대한 정보를 제공한다. 고객이 거래에 편리하게 접근할 수 있고, 주문을 변경하기 쉬우며, 고객 서비스를 더욱 효과적으로 받을 수 있다.

하지만 전자 통신을 활용한 의사소통은 절대 개인 대 개인의 교류를 대체할 수 없다. 특히 관계를 쌓을 때는 더더욱 그렇다. 단단한 관계는 개인적인 접촉과 의사소통을 통해 발전한다. 니즈를 탐색하고, 협상을 하고, 고객의 말을 귀 기울여 듣는 것은 전자 매체를 통해서는 효과적으로 할 수가 없다. 고객은 당신에게 자신이 중요한 사람이며, 당신이 시간을 써서 개인적 접촉을 할 만큼 자신을 가치 있다고 생각해주기를 원한다.

4. 또 다른 기법

• **이메일은 개인적인 안부나 짤막한 메시지로 시작하라.** 하지만 이메일 주제는 비즈니스 업무를 유지하고, 업무와 관련 없는 내용과 관련이 있는 내용을 확실히 분리하라. 종이에 쓰지 않았을 내용을 이메일에 포함하지 마라. 그리고 고객이 원하지 않는 한 아주 민감한 정보나 기밀 정보를 이메일로 보내서는 안 된다.

• **부정적인 감정을 일으키고 극단적인 감정이나 의견을 나타내는 표현은 피하라.** 이런 표현은 오해를 불러일으키고 감정적 피드백을 유발하여 의사소통에 장애가 될 뿐이다. 상대가 누구인지를 항상 염두에 두고 어조와 문체를 선택하라.

• 직접 만나거나 혹은 전화상으로 말하지 않은 제안서나 가격 견적을 이메일로 보내지 마라. 고객은 즉각적인 정보를 원하지만, 고객이 요청하지 않았거나 맥락이나 포지셔닝을 미리 제시하지 않은 제안서·프레젠테이션·가격 견적을 보내는 것은 위험할 수 있다. 고객은 그런 자료를 오해하거나 필요하지 않은데도 당신이 보낸 거라고 생각할 수 있다. 신규 고객과 관계를 쌓거나 세일즈를 종료할 때는 전자 통신에만 의존해서는 안 된다.

• 테크놀로지는 고장이 난다. 프레젠테이션을 할 때는 예비 CD와 복사본을 같이 가져간다.

• 고객을 다른 부서로 바로 넘기지 마라. 고객이 원하는 것을 받았다는 것을 확신하기 전까지는 다른 부서로 넘기지 마라. 모든 시스템이 항상 제때에 작동하지는 않는 법이다. 당신이 직접 관여하지 않아서 고객의 주문이 잘못 처리되었거나 대금 청구에서 오류가 발생했거나 금방 해결하지 못했다면 고객은 당신에게 화를 낼 것이다.

이메일을 통해 약속했다 하더라도 약속 확인은 전화로 하거나 직접 만나서 하라.

04

팀과 함께
일하라

거의 열 명이 같이 왔더군요. 제가 전화상으로 이야기했던 세일즈맨 외에는 왜 왔는지 궁금했어요. 몇몇 사람은 말을 했는데, 둘이서 비슷한 이야기를 하는 정도였습니다. 모두들 즐거워 보였습니다. 저도 그랬다면 좋았겠지만요.

판매 팀을 구성하는 것은 이제 흔한 일이 되었다. 성공한 공급업체들은 이제 고객과 세일즈 회사 조직 사이에 접촉점이 하나뿐인 상황은 현실적이지 않다는 인식을 하고 있다. 이런 판매 팀은 고객의 비즈니스나 업계에 대해 포괄적 지식을 갖춘 전문가와 고객의 총체적 요구사항을 충족하는 업무를 보는 전문가로 구성한다. 팀 판매는 다양한 범위의 정보·조언·아이디어를 고객에게 제시할 수 있기 때문에 경쟁업체와 차별화가 가능하다. 또한 다음과 같은 특정 상황에 더 잘 대응할 수 있다.

· 대규모 거래에서 다양한 접촉자를 만나 복잡한 니즈를 가졌거나 기대치가 특히 높은 고객을 만족하게 하는 경우. 이런 세일즈에는 특히 기술적인 이슈나 광범위한 세일즈 지원 또는 복잡한 계약 이행이 수반된다.

판매 팀의 일원이 되면 조직의 힘을 보여주어 세일즈를 진전할 수 있고, 회사 조직 전체가 해당 세일즈를 지원하고 있음을 확인할 수 있다. 더 나아가 다른 전문가들과 팀이 되면 세일즈 논의 과정에서 표면에 떠오르는 질문에 더 잘 대응할 수 있다.

오늘날 '토털 고객 중심'은 시장에서 아주 중요한 기업적 마음가짐으로 다른 사람들—당신의 회사 조직에 있는 세일즈 부서의 동료나 여타 직원들—을 관리하기 위한 중요한 태도다.

1. 구매팀을 파악하라

당신이 제품이나 서비스를 판매하려는 대상이 거대 기업이든 소규모 회사든 가족이 소유한 회사든 당신이 만나는 사람은 구매팀일 가능성이 높다. 고객의 요구사항은 갈수록 복잡해지고 투자는 더욱 신중해지고 있다. 그 결과 많은 고객이 팀을 구성해서 자신들이 공급업체에 원하는 것을 설명하고 그들이 제시하는 것을 평가하고 있는 추세다.

당신이 구매팀을 상대할 때 종종 느끼겠지만, 개인은 물론 팀의 모든 사람을 만족스럽게 만들어야 한다. 가능하면 구매팀의 각 구성원이 어떤 역할을 하는지 미리 파악하여 당신이 할 일을 정하고, 각 구성원이 적절한 관심을 받고 있음을 확인해야 한다. 구매팀을 분석할 때는 다음 사항을 고려해야 한다.

• **팀의 크기.** 팀의 구성원이 두세 명뿐이라면 당신 혼자서도 세일즈를 진행할 수 있을 것이다. 하지만 그 이상이라면 당신 회사의 다른 사람들에게 지원을 요청하는 것이 좋다. 그렇지 않으면 세일즈를 진행하기 전에 여러 가지 장애를 극복해야 할 것이다.

• **대표하는 기능.** 팀의 기능을 파악하면 고객의 우선순위와 관심사에 대한 정보를 얻을 수 있다. 예를 들어 구매팀이 주로 재무부서 직원으로 구성되어 있다면 가격 책정이나 지불 문제가 주요 이슈가 될 것이다.

• **팀 구성원의 직위.** 구매팀이 고위급 경영진으로 구성되어 있다면 프레젠테이션에 당신의 상사를 초청하거나 구매팀 구성원의 직급에 상응하는 당신 회사의 경영진에게 참석을 요청하라.

• **핵심 의사 결정자.** 모든 구매팀에는 구매 결정 과정에서 다른 구성

원보다 더 큰 영향력을 행사하는 구성원이 존재한다. 누가 핵심적인 의사 결정자인지 파악하여 그 사람의 니즈를 충족하는 데 노력을 집중하라.

2. 구매팀의 질문에 답할 수 있는 사람과 동행하라

회사의 전문가를 동원하여 고객의 요구사항에 대응하되 세일즈 과정에 너무 많은 사람을 포함해서는 안 된다. 고객의 질문이나 관심사에 가장 잘 대답할 수 있는 사람만을 포함하라.

전화를 하는 목표를 결정하면 어떤 자원을 요청할 것인지 판단하는 데 도움이 된다. 그런 다음 팀을 위한 세일즈 전화 전략을 개발하라. 누가 무엇을 할지, 무엇을 말할지, 언제 말할지를 결정하는 것이다. 팀 구성원의 서로 다른 개성, 의사소통 스타일, 전문성을 고려하라. 어떤 사람은 전화의 특정 측면이나 고객의 특정한 태도에 대해 효과적인 대응을 할 수 있는 반면 어떤 사람은 다른 측면을 효과적으로 다룰 수 있을 것이다.

세일즈 전화를 위한 팀 리더를 정하라. 굳이 당신일 필요는 없다. 기술적 전문가에게 리더 역할을 맡기고, 당신은 조력자로서 세일즈 전화를 제시간에 알맞게 진행하는지 관리하는 일을 담당할 수도 있다. 또는 주요 대변인 역할을 맡아 니즈가 발생할 때마다 팀의 구성원에게 연락을 취할 수도 있을 것이다.

어떤 회사 사장의 말에 따르면 훌륭한 세일즈맨은 혼자만 빛나는 스타가 아니라 팀을 이끄는 대장이라고 한다. 자료 집약적인 세일즈에서는 모든 팀의 구성원을 관리할 수 있는 리더가 필요하다. 고객에게 팀 구성원 한 명, 한 명이 왜 필요한지를 알게 하고, 그들이 어떻게 고객에게 도움을 주어 관계를 성공으로 이끄는지 설명하라.

3. 유능한 사람을 데려와라

고객은 당신의 회사 조직에 있는 모든 사람이 자신을 도울 준비가 되어 있기를 원한다. 팀이 성공하려면 팀 구성원이 적절한 판매, 의사소통, 팀워크 기술을 가질 수 있도록 연수를 받게 하라. 고객의 배경, 현재 세일즈 상황과 니즈, 세일즈 전화의 목표에 대해 팀 구성원을 교육하라. 그런 다음 리허설을 실시하여 모두가 세일즈 전화에서 자신의 역할을 파악했는지, 고객의 질의에 전술적·포괄적으로 응답할 수 있는지, 어떤 정보를 미리 수집하거나 준비해야 하는지를 확인한다. 세일즈·행정·서비스 분야에서 모두가 팀으로서 효과적으로 협동해야 한다. 팀 구성원 모두는 대인관계 및 의사소통 기술에 능통하여 고객의 니즈를 충족하는 데 더욱 효과적으로 협조해야 한다.

세일즈 전화가 끝나면 항상 팀과 되돌아보는 시간을 가져 관찰한 사실과 아이디어를 공유하고 앞으로는 누구의 참여가 필요할지를 판단하라. 주요 고객과 접촉할 때는 고객과 세일즈 팀 사이의 의사소통을 조절하고, 고객이 팀 구성원들의 노력을 어떻게 받아들이고 있는지를 팀 구성원에게 알리는 것이 당신의 역할이다.

세일즈맨은 세일즈 팀의 노력을 조직화하기 위해 리더십 기술을 개발해야 한다.

4. 또 다른 기법

• 팀의 프로세스를 고객에게 설명하라. 고객에게 팀을 활용하기로 결정했다면 해당 고객에게 전화를 하기 전에 반드시 그 사실을 알리고, 팀의 프로세스가 어떻게 진행되는지 설명하고, 같이 일할 팀 구성원의 이름을 알려라. 이렇게 하면 고객이 대비할 수 있다. 뿐만 아니라 고객에게 당신을 뒷받침하는 다양한 자원 네트워크가 있음을 알리고, 당신이 해당 세일즈에 가져올 수 있는 부가가치를 알려줌으로써 당신에 대한 신뢰성을 높일 수 있다.

• 팀 구성원에게 포상을 하라. 팀 구성원이 각자의 공헌에 대해 어떤 방식으로든 보상을 받지 못한다면 굳이 노력과 시간을 들여 당신의

세일즈를 도우려 하지 않을 것이다. 팀 구성원이 세일즈에 참여할 가치가 있다고 생각하도록 노력하라. 예를 들어 그들의 공헌을 다른 사람들에게 알리거나 세일즈가 끝났을 때에는 팀 구성원들과 점심을 같이하거나 작은 선물로 축하를 한다.

• 팀 판매의 이익을 홍보하라. 세일즈 팀에는 여러 종류가 있다. 어떤 팀은 영구적이고, 어떤 팀은 특정 거래를 위해 조직되기도 한다. 팀 판매가 고객의 니즈를 충족하기에 가장 좋은 방법이라고 생각하면 그 가치를 홍보하고 당신 회사의 문화에 통합하기 위한 모든 노력을 다하라. 팀 판매의 성공을 저해할 수 있는 요소들을 찾아내어 처리하고 (예: 부서 간의 장벽, 불충분한 의사소통 채널), 팀 판매를 효과적으로 만드는 데 필요한 교육과 코칭을 요청하라.

• 고객의 문화와 소통하라. 좋은 인상을 주는 데 도움이 되는 모든 고객 관련 정보를 팀과 공유하라. 여기에는 드레스 코드나 사용하는 말투, 격식에 대한 정보, 미팅의 속도, 내부 관례 등이 포함된다. 작은 사실 하나를 안다는 것이 중대한 차이점을 만들고, 이것이 고객의 호감을 높일 수 있다.

• 단체정신을 개발하라. 혼자서 판매할 수도 있겠지만, 팀의 성공을 좌우하는 것은 다른 사람과 협동하고 단체정신을 보여주는 당신의 능력이다. 인내심 · 융통성 · 배려 정신은 세일즈맨이 팀 판매 환경에서

갖춰야 할 중요한 특질이다.

세일즈맨은 자신의 회사 조직에서 팀 접근법이 필요한 세일즈 전화 준비와 실행을 도울 수 있는 개인을 찾아내야 한다.

05

실행 계획을
세워라

몇 년 전 한 세일즈맨이 제게 전화를 했는데, 판매를 정말 못하더군요. 사실 그때 저는 그 사람에게 정말 못한다고 말했습니다. 그런데 그 사람이 최근에 다시 전화해서 지금은 다른 회사로 옮겼으며, 제 조언을 받아들여 개발 계획을 짜고 기술을 향상하여 이제는 다른 사람이 되었다고 말하더군요. 저는 그 사람과 비즈니스 미팅을 하기로 합의했지만, 다시 만나 보니 그 사람이 아직도 형편없는 수준이라는 것을 금방 알 수 있었습니다. 그 사람은 처음부터 와자지껄 떠들기만 했지 제 관심사에는 귀를 기울이지 않았습니다. 저는 그 사람에게 기술 향상을 위해 무엇을 했는지를 물어보았지요. 그랬더니 자기의 계획은 약속을 얻어내는 기술을 습득하는 것이었다고 하더군요. 그리고 다음 달에는 전화를 시작하는 방법을 습득할 거라고 했습니다.

최고 세일즈맨은 모든 기술과 능력에 집중해야 한다는 것을 알고 있다. 앞에서 코치를 활용하여 성과를 개선하고 계획을 개발하는 방법을 이야기했다. 여기서 핵심사항은 새로운 기법과 기법을 업무에 적용하는 것이다. 가장 좋은 계획은 서면으로 작성하는 것이다. 컴퓨터·PDA·메모지를 비롯해 가장 편한 필기도구를 꺼내 새로운 조언과 기법을 활용할 수 있는 계획을 적어라.

먼저 당신이 잘할 수 있는 것과 개선이 필요한 것을 파악해야 한다. 그러고 나면 그 두 가지 영역에 대한 계획이 필요하다.

1. 우선순위를 정하는 것부터 시작하라

효과적인 실행 계획을 만들려면 우선순위를 정하는 일이 핵심이다. 당신의 세일즈에 가장 큰 영향을 미치는 영역은 무엇인가? 우리가 아는 어떤 비즈니스 설비 외판원은 전화를 시작하는 자신의 기술에 C 마이너스를, 이의를 처리하는 기술에는 B 마이너스를 주었다. 그리고 그는 이의를 극복하는 기술에 좀 더 집중하기로 결정했다. 그것이 자신의 업무 성과에 더 큰 영향을 주기 때문이었다. 당신이 처리하고 싶은 분야에 높은 우선순위를 부여하라.

다음으로는 그 영역에서 성과를 개선하거나 더 다듬기 위해 무엇을 해야 할지를 결정하라. 당신이 파악한 각 영역마다 둘 이상의 접근법이나 기법을 적용하라. 성공적인 세일즈맨 대부분이 말한 바에 따르면 모든 기법이 모든 고객에게 통하는 것은 아니라고 한다. 각 영역당 둘 이상의 접근법이나 기법을 습득하라.

또한 새로운 접근법이나 기법을 실행하는 데 지원이 필요한지를 판단하라. 성공적인 이행이나 고객의 증언에 대한 사례 연구가 필요할 수도 있다. 지원을 청하는 것을 두려워하지 마라. 가장 성공적인 세일즈맨은 제안서를 쓰거나 프레젠테이션을 작성하는 데 있어 도움을 청하는 것을 주저하지 않는다.

〈표 2〉의 실행 계획표는 계획을 문서화하는 간단한 접근법의 한 가지예다. 우선순위 열에는 ABC 접근법을 활용하라. 우선순위가 높은 영역은 A, 중간 영역은 B, 낮은 영역은 C로 한다. 다음으로 우선순위가 높은 각각의 영역에서 하나의 기법을 선택하여 앞으로 30일 동안 활용한다.

네 번째 열에서는 우선순위가 높은 영역에 대한 추가 기법을 선택하고 중간 영역에 대한 기법을 찾아보라. 모든 기법을 검토해보고 필요한 지원이나 자원이 무엇인지 판단한 다음 그것을 마지막 열에 기록하라.

영역	우선순위	앞으로 30일 동안 활용할 기법 한 가지	앞으로 60~90일 동안 활용할 기법들	필요한 지원 또는 자원
1. 고객 중심 세일즈				
2. 고객 관계 시작하기				
3. 성공적인 세일즈 진화				
4. 고객의 관심사 다루기				
5. 장기 파트너십				
6. 내부 자산 활용하기: 자기관리				

2. 잠재적인 기법을 확인하라

앞에서 얘기한 내용을 다시 읽고 당신이 원하는 기법을 확인하라. 그 기법들을 〈표 3〉의 잠재적인 기법목록에 적어 넣어라. 상사나 동료 또는 다른 사람들에게 들었던 기법도 추가하라. 특정 기법을 원하는 지 확신이 서지 않는가? 한 세일즈맨은 자신은 다른 사람들에게 효과 적이었던 기법 목록을 만들어서 정기적으로 들여다보며 활용해보고 싶은 것 하나를 선택한다고 말했다.

- **1부: 고객 중심 세일즈**
  1. 세일즈 역할을 숙달하라
  2. 최초로 세일즈 전화 일정을 잡아라

- **2부: 고객 관계 시작하기**
  1. 공부하라 – 철저한 준비 과정
  2. 파트너십을 위한 기반을 세워라
  3. 라포를 쌓고 설득력 있는 프레젠테이션을 하라

- **3부: 성공적인 세일즈 전화하기**
  1. 올바른 시작을 하라
  2. 니즈와 목표를 찾아라
  3. 이익을 논의하라
  4. 세일즈를 완료하라

- **4부: 고객의 관심사 다루기**
  1. 무관심을 극복하라
  2. 이의 제기를 예상하라
  3. 오해를 풀어라
  4. 결점에 대한 지적을 처리하라
  5. 회의주의자를 극복하라
  6. 남은 관심사에 대해 협상하라

- **5부: 장기적인 파트너십**
  1. 비즈니스를 수행할 권리를 유지하라
  2. 지속적인 관계를 쌓아라
  3. 팔고 나서도 헌신하라
  4. 경쟁우위를 유지하라
  5. 문을 열어놓고 떠나라

- **6부: 내부 자산 활용하기: 자기관리**
  1. 코칭을 통해 성과를 최적화하라
  2. 시간과 영역을 관리하라
  3. 테크놀로지를 능숙하게 활용하라
  4. 팀과 함께 일하라
  5. 실행 계획을 세워라

3. 필요하다면 반복하라

우선순위는 바뀌게 마련이다. 그러므로 당신의 장점·약점·우선순위를 분기마다 재평가하라. 실행 계획을 검토하고 수정하라. 세일즈를 개선하기 위해 새로운 방식을 활용하고 있다고 해서 이미 습득한 기법이나 실무 기술을 사용하지 않을 이유는 없다. 꾸준히 최고 자리를 지키고 있는 한 세일즈맨은 다음과 같이 말했다.

"타이거 우즈가 매일 골프 스윙을 연습한다는 얘기를 듣고는 저도 자기 계발을 좀 더 진지하게 해야겠다는 결심을 했습니다."

좋아 보인다는 이유만으로 새로운 아이디어를 사용하지 마라. 적절하기 때문에 사용해야 한다.

4. 또 다른 기법

• 피드백을 활용해서 우선순위를 정하라. 코치에게든 가장 훌륭한 고객에게든 당신이 특정 영역에서 얼마나 잘하고 있는지에 대해 객관적인 평가를 요청한 다음 그 평가를 활용해서 우선순위를 정하라.

• 동료를 의지하라. 코치나 다른 세일즈맨과 기법을 공유하라. 고객에게 새로운 접근법을 활용한 후에는 코치나 다른 세일즈맨과 역할극을

하여 잘하고 있는지 점검하라.

• **성공과 실패를 기록하라.** 해당 기법을 사용했던 상황이나 조건에 대해 기록하라. 적중했는지 그렇지 않았는지 여부와 어떻게 하면 가장 잘 활용할 수 있을지를 기록한다. 예를 들어 문지기를 통과할 때 사용하는 방법은 당신이 그 회사의 다른 부서와 튼튼한 관계를 맺고 있는 경우에만 효과가 있다. 한 번 실패했다고 해서 새로운 기법을 포기하지 마라. 접근법을 약간 수정해보는 것도 좋다.

하이 퍼포먼스 세일즈
SECRETS of TOP PERFORMING SALESPEOPLE

초판1쇄 인쇄 | 2016년 7월 10일
초판1쇄 발행 | 2016년 7월 15일

지은이 | E. 델 가이조 · S. 룬스포드 · M. 마론
옮긴이 | 김상범 · 오정환 · 김원배 · 강태헌
펴낸이 | 김진성
펴낸곳 | 헤테북스

편 집 | 정소연, 허강, 김선우
디자인 | 장재승
관 리 | 정보해

출판등록 | 2005년 2월 21일 제2016-000006
주 소 | 경기도 수원시 팔달구 정조로900번길 13 2층(북수동)
전 화 | 02-323-4421
팩 스 | 02-323-7753
홈페이지 | www.heute.co.kr
이메일 | kjs9653@hotmail.com

* 잘못된 책은 서점에서 바꾸어 드립니다.